九三学社手册

九三学社中央办公厅　编

學苑出版社

图书在版编目(CIP)数据

九三学社手册：2013年版／九三学社中央办公厅编．--北京：学苑出版社，2013.12

ISBN 978-7-5077-4427-9

Ⅰ．①九… Ⅱ．①九… Ⅲ．①九三学社-手册 Ⅳ．①D665.7-62

中国版本图书馆CIP数据核字(2013)第279791号

出 版 人:孟 白
责任编辑:方晓喆
出版发行:学苑出版社
社　　址:北京市丰台区南方庄2号院1号楼
邮政编码:100079
网　　址:www.book001.com
电子信箱:xueyuan@public.bta.net.cn
经销电话:010-67675512、67678944、67601102(邮购)
经　　销:全国新华书店
印 刷 厂:高碑店鑫宏源印刷有限公司
开本尺寸:787×1092 1/32
印　　张:9.75
字　　数:190千字
版　　次:2013年12月北京第一版
印　　次:2013年12月北京第一次
定　　价:15.00元

目　录

九三学社简介

九三学社是以科学技术界高、中级知识分子为主的具有政治联盟特点的政党，是接受中国共产党领导、同中国共产党通力合作的亲密友党，是进步性与广泛性相统一、致力于中国特色社会主义事业的参政党。

九三学社前身为抗日战争后期一批进步学者发扬五四运动反帝反封建的爱国精神，以民主、科学为宗旨，在重庆组织的“民主科学座谈会”，后为纪念 1945 年 9 月 3 日抗日战争和世界反法西斯战争的伟大胜利，改建为九三学社。1946 年 5 月 4 日，九三学社成立大会在重庆正式召开。大会发表了《九三学社缘起》、《成立宣言》、《基本主张》、《对时局主张》等文件，选举许德珩等 16 人为理事，梁希等 8 人为监事。国共和谈和旧政协期间，九三学社支持中国共产党的主张，反对内战，反对独裁。解放战争期间，九三学社严正声明不承认伪“国民大会”，赞成中国共产党的各项主张，与中国共产党团结合作，积极参加反对国民党独裁统治的民主运动，为争取新民主主义革命的胜利而斗争。

1949 年 1 月，九三学社发表宣言，响应中共中央“五一”

号召和毛泽东的八项和平主张，拥护召开新政治协商会议。1949年9月，九三学社代表许德珩等参加了中国人民政治协商会议第一届全体会议，参与了《共同纲领》的制定、中央人民政府的组成和中华人民共和国的建立，为建立新中国做出了积极贡献。九三学社领导人梁希担任了林垦部部长，许德珩担任了政务院法制委员会副主任委员。

中华人民共和国成立后，九三学社以中国人民政治协商会议《共同纲领》和政协章程总纲作为自己的政治纲领，积极参与国家政治生活中重大问题的协商，组织成员参加民主改革和社会主义改造运动，为发展科学技术、教育和医药卫生等事业做出了重要贡献，走上了为社会主义服务的道路。

中共十一届三中全会之后，在邓小平理论的指引下，九三学社进一步明确了性质、地位和作用，以经济建设为中心，坚持四项基本原则，坚持改革开放，履行参政议政、民主监督职能，为建设中国特色社会主义事业做出了显著成绩。近年来，九三学社紧紧围绕发展这个第一要务，就非典防治、加大三江源地区生态保护力度、解决国有企业退休科技人员待遇、引导和鼓励高校毕业生到基层就业、改进我国医疗卫生工作等重大问题，深入调查研究，积极建言献策，为制定有关政策提供了重要依据；充分发挥科技界人才密集的优势，围绕提升企业自主创新能力、实施国家知识产权战略等课题进行调研，提出了许多有价值的意见和建议，为我国科技创新和发展提供了有益参考；通过举办各种论坛和研讨活动，就知识经济与高技术产业发展、粮食安全、传统文化、生态富民等问题进行深入探讨，努力开拓参政议政的新领域；重视同地方合作，着力打造九三学社同地方合做的品牌，实现了从单一支边扶贫到全方位为地方经济社会发展作贡献的转变；多渠道、多层次开展海外联络工作，为促进祖国和平统一积极贡献力量。

半个多世纪以来，九三学社秉承爱国、民主、科学的优良传统，同中国共产党在争取民族独立和人民解放的宏伟事业中风雨同舟，在社会主义革命和建设的历史进程中携手前进，在改革开放和社会主义现代化建设的伟大实践中团结奋斗，发展成为一支建设中国特色社会主义事业、维护国家安定团结的重要力量。

九三学社在现阶段的基本任务是：坚定不移地坚持社会主义初级阶段的基本理论、基本路线、基本纲领和基本经验，贯彻执行“长期共存、互相监督、肝胆相照、荣辱与共”的方针，维护宽松稳定、团结和谐的政治环境，高举爱国主义、社会主义旗帜，团结全体社员和所联系的知识分子，牢牢把握发展这个第一要务，不断解放思想，坚持改革开放，推动科学发展，促进社会和谐，为实现新世纪新阶段全面建设小康社会、加快推进社会主义现代化、开创中国特色社会主义新局面的奋斗目标，为实现推进现代化建设、完成祖国统一、维护世界和平与促进共同发展的新世纪三大任务贡献力量。

截至 2012 年底，九三学社有 30 个省级组织，289 个设区市市级组织，27 个县级市组织，5236 个基层组织，全国社员总数已达 13.2 万余人。社员中担任各级人大代表的共有 1938 人，担任各级政协委员的共有 10029 人，担任县处级以上政府及司法机关领导职务的共有1042人。九三学社先后拥有170余位中国科学院院士(学部委员)和中国工程院院士,许多成员为中国科技事业做出了卓越贡献。九三学社社员王淦昌、邓稼先、赵九章、陈芳允、程开甲获“两弹一星功勋奖章”,王选、黄昆荣获2001年度国家最高科学技术奖,师昌绪荣获2010年度国家最高科学技术奖,谢家麟荣获2011年度国家最高科学技术奖。

九三学社中央历任主席为许德珩、周培源、吴阶平。现任主席韩启德。九三学社中央主办的刊物有面向国内外公开发行的《民主与科学》和在社内发行的《九三中央社讯》,下属单位学苑出版社,开通有九三学社中央网站(www.93.gov.cn)。

九三学社章程

（2012年12月4日九三学社第十次
全国代表大会审议通过）

总　纲

九三学社是以科学技术界高、中级知识分子为主的具有政治联盟特点的政党，是接受中国共产党领导、同中国共产党通力合作的亲密友党，是进步性与广泛性相统一、致力于中国特色社会主义事业的参政党。

本社前身为抗日战争后期一批进步学者发扬五四运动反帝反封建的爱国精神，以民主、科学为宗旨，在重庆组织的“民主科学座谈会”。后为纪念1945年9月3日抗日战争和世界反法西斯战争的伟大胜利，改建为“九三学社”。国共和谈和旧政协期间，本社支持中国共产党的主张，反对内战，反对独裁。解放战争期间，本社严正声明不承认伪“国民大会”，赞成中国共产党的各项主张，与中国共产党团结合作，积极参加反对国民党独裁统治的民主运动，为争取新民主主义革命的胜利而斗争。随后，本社响应中国共产党召开新政协，成立民主联合政府的号召，接受中国共产党的领导，参加了中国人民政治协商会议，为建立新中国作出了积极贡献。新中国成立后，本社以中国人民政治协商会议《共同纲领》和政协章程总纲为自己的政治纲领，积极参与国家政治生活中重大问题的协商，组织成员参加民主改革和社会主义改造运动，为发展科学技术、教育和医药卫生等事业做出了重要贡献，走上了为社会主义服务的道路。中共十一届三中全会之后，在邓小平理论的指引下，本社进一步明确了性质、地位和作用，以经济建设为中心，坚持四项基本原则，坚持改革开放，履行参政议政、民主监督职能，为建设中国特色社会主义事业做出了显著成绩。半个多世纪以来，本社秉承爱国、民主、科学的优良传统，同中国共产党在争取民族独立和人民解放的宏伟事业中风雨同舟，在社会主义革命和建设的历史进程中携手前进，在改革开放和社会主义现代化建设的伟大实践中团结奋斗，发展成为一支建设中国特色社会主义事业、维护国家安定团结的重要力量。

中国共产党领导的多党合作和政治协商制度，是适合我国国情的一项基本政治制度，本社坚持并认真实践这一制度。在中国共产党的领导下参加国家政权，参与国家大政方针和国家领导人选的协商，参与国家事务的管理，参与国家方针政策、法律法规的制定和执行。

本社以马克思列宁主义、毛泽东思想、邓小平理论、“三个代表”重要思想、科学发展观为指导，高举中国特色社会主义伟大旗帜，坚持中国特色社会主义道路、中国特色社会主义理论体系和中国特色社会主义制度，为把我国建设成为富强、民主、文明、和谐的社会主义现代化国家而奋斗。

本社的一切活动以中华人民共和国宪法为准则，并负有维护宪法尊严、保证宪法实施的职责，享有宪法规定的权利和义务范围内的政治自由、组织独立和法律地位平等。

我国现在处于并将长期处于社会主义初级阶段，国家的总任务是实现社会主义现代化和中华民族伟大复兴。本社的基本任务是：坚定不移地坚持中国特色社会主义，贯彻执行“长期共存、互相监督、肝胆相照、荣辱与共”的方针，维护宽松稳定、团结和谐的政治环境，高举爱国主义、社会主义旗帜，团结全体社员和所联系的知识分子，牢牢把握发展这个第一要务，不断解放思想，坚持改革开放，推动科学发展，促进社会和谐，为全面落实经济建设、政治建设、文化建设、社会建设、生态文明建设五位一体总体布局，为实现全面建成小康社会、加快推进社会主义现代化、开创中国特色社会主义新局面的奋斗目标，为实现推进现代化建设、完成祖国统一、维护世界和平与促进共同发展的新世纪三大任务贡献力量。

本社弘扬民主与科学精神。在建设中国特色社会主义新的历史时期，弘扬民主与科学精神，要在发展社会主义民主政治中，把坚持中国共产党领导、人民当家作主和依法治国有机统一起来，为建设社会主义政治文明，推进社会主义民主与法制建设，做出不懈努力；要贯彻“科教兴国”和可持续发展战略，大力推进创新型国家建设，积极发挥我社科技人才比较集中的特点和优势，充分调动广大社员的积极性、创造性，努力弘扬科学精神，倡导科学方法，崇尚高尚的学术道德和职业道德，为推进科技创新、促进科技进步、培育科技人才、发展先进文化、普及科学知识，提高全民族的科学文化水平，不断做出贡献。

本社积极开展海外联络工作，促进祖国统一。

本社努力促进与各国人民的友好往来和国际交流，维护世界和平。

本社积极反映社员的意见和建议，维护社员的合法权益。

为适应中国特色社会主义和多党合作事业的需要，本社要不断加强自身建设，把我社建成坚定不移地接受中国共产党领导，坚持中国特色社会主义政治发展道路，能够经受各种困难和风险考验，不断提高履行职能的能力，与中国共产党同心同德、通力合作的参政党。自身建设的原则是，坚持中国共产党的领导，发扬社会主义民主，体现政治联盟特点，保持进步性与广泛性相统一。自身建设要以思想建设为核心，努力学习马克思列宁主义、毛泽东思想、中国特色社会主义理论体系，学习中国共产党领导的多党合作和统一战线理论，继承、发扬我社优良传统，搞好政治交接，不断提高成员的政治素质；要以组织建设为基础，实施人才强社战略，坚持民主集中制，切实做好各级领导班子建设、后备干部队伍建设、机关建设和基层组织建设工作，建立内部监督机制，增强社的活力和凝聚力；要以制度建设为保障，建立健全参政党工作机制，使各项工作走上制度化、规范化轨道，以肩负起历史赋予的光荣使命。

第一章　社　员

第一条　从事科学、技术工作以及高等教育、医药卫生等方面的高、中级知识分子，赞成并愿意遵守本社章程，可申请加入本社。

第二条 发展社员，由申请人向社组织递交入社申请书，社组织经过联系培养、认真考察后，由社员二人介绍，填写入社登记表，经基层组织讨论通过，报设区的市以上地方组织批准，层报社中央备案。

社中央和省（自治区、直辖市）委员会必要时可直接发展社员。

第三条 社员有下列义务：

（一）遵守社章，执行社的决议，参加基层组织生活和社的活动，缴纳社费。

（二）遵守宪法、法律和社会公德，维护安定团结，维护国家和人民的利益。

（三）拥护中国共产党领导的多党合作和政治协商制度，继承和发扬本社优良传统。

（四）努力学习，做好本职工作，为社会主义经济建设、政治建设、文化建设、社会建设、生态文明建设贡献力量。

第四条 社员享有以下权利：

（一）表决权、选举权和被选举权。

（二）参加社内组织的关于国家大事和有关工作的讨论，反映意见，提出建议。

（三）对社的工作和社的各级领导机构提出建议和批评。

（四）在合法权益遭受侵害时，要求社的组织给以关心和帮助。

第五条　社员在社会主义现代化建设、祖国统一事业和社的工作中做出显著成绩，社组织可给予表彰、奖励。

第六条　社员违反社章，按错误性质和情节轻重，社组织给予批评教育直至纪律处分。

社的纪律处分为：警告、严重警告（同时撤销社内职务）、留社察看（留社察看期最长不超过两年）、开除社籍。

对社员的纪律处分，须经所在基层组织讨论通过，由设区的市以上地方组织批准。对中央委员会和地方各级委员会委员的纪律处分，须经同级委员会全体会议讨论通过；地方各级委员会委员的纪律处分，须报上一级组织批准。开除社籍，须经省级组织批准，报社中央备案。

社员对处分不服，可以向上级组织直至中央提出申诉。

第七条　社员有退社的自由。社员要求退社须由本人提出书面申请，经所在基层组织研究确定，由设区的市以上地方组织终止其社籍，层报社中央备案。

第八条　社员无正当理由，长期不参加社的活动，不缴纳社费，经教育仍不改正者，经所在基层组织讨论通过，由省级组织批准，可终止其社籍，并报社中央备案。

第九条　社员工作地点变动时，应按规定办理转移组织关系的手续。

第二章　组织制度

第十条　本社的组织原则是民主集中制。个人服从组织，少数服从多数，下级组织服从上级组织，全社服从中央。

第十一条 本社组织系统分为:中央组织,地方组织和基层组织。在社内实行分级领导,上级组织要经常听取下级组织和社员的意见,下级组织要认真贯彻执行上级组织的决议和决定,按有关规定向上级组织请示和汇报工作。

第十二条 本社各级组织的领导机构,是各级社员大会或代表大会及其选举产生的各级委员会。各级委员会实行集体领导和个人分工负责相结合的制度,重大问题需经集体讨论才能做出决定。各级委员会对同级社员大会或代表大会负责,并受其监督。

根据工作需要,上级组织可对下级组织的领导机构成员进行届中调整。领导机构成员进行届中调整须经同级委员会全体会议或扩大会议通过。

第十三条 经社的各级委员会全体会议或其常务委员会会议决定,可召开代表会议或全体委员扩大会议,讨论决定需要及时解决的重大问题。

第十四条 社组织设监督机构,履行社内监督职能。重点监督领导班子及其成员遵守本社章程、履行职责的情况。

第十五条 本社组织发展坚持以大、中城市为主,以科学技术界为主,以有一定代表性的高、中级知识分子为主的原则;坚持注重质量,保持特色,组织发展与后备干部队伍建设相结合的原则。

第十六条 社的中央和地方组织的机关,要根据工作需要和精简、统一、效能的原则,合理设置机构,完善部门职责,按照《中华人民共和国公务员法》加强对机关干部的管理,健全机关工作机制和各项工作制度。

第十七条 社的地方组织和基层组织在社会主义现代化建设、祖国统一事业和社的工作中出显著贡献,上级组织可给予表彰、奖励。

第十八条 社的地方组织和基层组织违反社章,损害社的声誉和人民利益时,视情节轻重,分别给予责令检查、改组领导机构的处分。对社组织的处分,须由上一级组织提出意见,层报社中央批准。

第三章 中央组织

第十九条 社的全国代表大会每五年举行一次,由中央委员会召集。

必要时可提前或延期举行。

全国代表大会的规模及代表产生办法,由中央常务委员会决定。代表大会选举主席团主持会议。

第二十条 社的全国代表大会的职权是:

(一)讨论并决定本社的工作方针、任务和其他重大事项。

(二)听取和审议中央委员会的报告。

(三)修改社的章程。

(四)选举中央委员会。

第二十一条 中央委员会每届任期五年。如全国代表大会提前或延期举行,其任期相应改变。

中央委员会全体会议原则上每年举行一次,由中央常务委员会召集,必要时可提前或延期举行。

第二十二条　中央委员会在全国代表大会闭会期间领导全社工作,其职权是:

(一)执行全国代表大会决议。

(二)听取和审议中央常务委员会的报告。

(三)讨论并决定本社的重大问题。

(四)选举中央委员会主席、副主席、常务委员,组成中央常务委员会。

(五)决定召开全国代表大会。

第二十三条　中央委员会设主席一人、副主席若干人,他们同时是中央常务委员会的主席、副主席。

第二十四条　中央委员会设监督委员会。中央监督委员会在中央委员会领导下进行工作,每届任期与中央委员会相同。

第二十五条　中央委员会设秘书长和若干工作部门。

第二十六条　中央常务委员会的任期与同届中央委员会相同,在中央委员会全体会议闭会期间领导全社工作。中央常务委员会会议由主席会议召集并主持,原则上应每季度举行一次。中央常务委员会的职权是:

(一)组织实施中央委员会全体会议的决议和决定。

(二)召集并主持中央委员会全体会议。

(三)讨论并决定本社工作中的重大问题。

(四)讨论并决定社中央工作部门的设置及秘书长和其他重要人事任免。

第二十七条　中央委员会主席、副主席组成中央主席会议,在中央常务委员会会议闭会期间,主持中央工作。

中央委员会主席、专职副主席组成主席办公会议,研究、决定需要及时处理的重要问题并主持日常工作。

中央主席会议和主席办公会议均由中央委员会主席召集并主持,也可由中央委员会主席委托一位副主席召集并主持。

第二十八条 每届中央委员会选举产生的中央领导机构和中央领导人,在下届全国代表大会开会期间,继续主持社的日常工作,直到下届中央委员会产生新的中央领导机构和中央领导人为止。

第四章 地方组织

第二十九条 本社地方组织一般分省(包括自治区、直辖市)、设区的市(包括自治州、直辖市的区)、不设区的市(包括市辖区)三级。

社的各级地方组织的社员大会或代表大会每五年举行一次,由同级委员会召集,必要时可提前或延期举行。

地方组织代表大会的规模及代表产生办法,由地方常务委员会决定,不设常务委员会的地方组织由主委会议决定。代表大会选举主席团主持会议。

第三十条 地方各级社员大会或代表大会的职权是:

(一)贯彻、执行社的全国代表大会、中央委员会和上级组织的决议和决定。

(二)听取和审议同级委员会的报告。

(三)讨论、决定同级委员会的工作。

（四）选举同级委员会。

第三十一条 地方各级委员会由同级社员大会或代表大会以无记名投票方式选举产生。候选人提名应充分发扬民主，认真酝酿协商，并报请上级组织审批。

地方组织的委员会因故不能选举产生时，由上级组织指定适当人选组成临时领导机构。

筹建地方组织，其领导成员由上级组织指定。

第三十二条 地方各级委员会在同级社员大会或代表大会闭会期间领导本地区社的工作，其职权是：

（一）贯彻、执行上级组织和同级社员大会或代表大会的决议、决定，定期向上级组织报告工作。

（二）听取和审议同级常务委员会或主委会议的报告。

（三）讨论、决定本地区重大社务。

（四）选举主任委员、副主任委员，有一定规模的地方组织可选举常务委员组成同级常务委员会。

第三十三条 地方各级委员会设主任委员一人，副主任委员若干人组成主委会议，主持本级社组织的工作。主委会议由主委召集并主持，也可由主委委托一位副主委召集并主持。

地方委员会的主任委员、副主任委员同时是该地方常务委员会的主任委员、副主任委员。

第三十四条 地方各级委员会设秘书长和若干工作部门。

第三十五条 地方常务委员会在地方委员会全体会议闭会期间，行使地方委员会职权，领导本地区社的工作。讨论决定社地方组织工作部门的设置及秘书长和其他重要人事任免。

第三十六条 地方各级委员会每届任期五年。如同级社员大会或代表大会提前或延期举行时,其任期相应改变。地方常务委员会和地方领导人,在下届社员大会或代表大会开会期间,继续主持社的日常工作,直到新的常务委员会和地方领导人产生为止。

第五章 基层组织

第三十七条 本社基层组织有:直属小组、支社和委员会。基层组织的领导成员每届任期五年。

在同一单位、系统或地区有社员三人以上,可建立直属小组;有社员七人以上,可建立支社;在社员人数较多的单位、系统或省辖市的区,有三个支社以上时,可设立委员会。

第三十八条 直属小组设组长一人,必要时可设副组长一人;支社和委员会设主任委员一人、副主任委员和委员若干人;均由民主选举产生。

第三十九条 基层组织是社的工作的重要基础,其主要任务是:

(一)根据上级组织的决议和指示精神,结合本单位、本系统、本地区的中心任务开展工作。

(二)组织社员结合实际学习马克思列宁主义、毛泽东思想、邓小平理论、“三个代表”重要思想和科学发展观,学习有关方针、政策以及社章、社史,学习科学、文化、法律和业务知识,提高社员的素质。

(三)努力发挥我社组织的特点和优势,在推动社员做好本职工作的同时，注重调查研究，围绕国家大政方针、社会重大问题开展议政活动，并按社的组织系统反映意见、建议。

（四）关心社员的工作、学习和生活，发现、培养并向上级组织推荐优秀人才。

（五）联系群众，协调关系，加强团结，认真开展组织生活。

（六）发展社员，收缴社费。

第六章　社的干部

第四十条　本社按照德才兼备的原则选拔干部，努力建设高素质的干部队伍。

建立健全民主推荐培养选拔干部制度，重视教育、培训、选拔和考察干部，不拘一格地选拔在改革开放和社会主义现代化建设以及社务工作中实绩突出的、社员信任的优秀干部。

第四十一条　社的各级领导干部必须模范地履行本章程第三条所规定的社员的各项义务，具有坚定正确的政治信念和较强的政治把握能力、参政议政能力、组织领导能力和合作共事能力，具备以下的基本条件：

（一）具有履行职责所必需的理论政策水平，努力运用马克思列宁主义的立场、观点、方法分析和解决实际问题。

（二）热爱社组织，有强烈的事业心和政治责任感，有胜任领导工作的组织能力和领导水平。

（三）清正廉洁，谦虚谨慎，联系群众，有开拓进取和奉献精神。

（四）坚持民主集中制，顾大局，识大体，作风民主，公道正派，善于团结同志一道工作。

第四十二条　社的中央和地方组织的各级领导干部实行任期制，对同一职务任期一般不超过两届。

特殊情况下，需连任的，不得超过三届。

第四十三条　建立对社的各级领导干部的考核和评议制度，健全社内自我约束和自我监督机制。

第七章　附　则

第四十四条　本章程经社的全国代表大会通过后施行。解释权属中央常务委员会。

九三学社第十三届中央委员会主席、副主席、秘书长、常委名单

主　席： 韩启德

副主席：

邵　鸿	谢小军	张桃林	赖　明
马大龙	丛　斌	赵　雯（女）	卢　柯
武维华	印　红（女）		

秘书长： 印　红（女）

常　委： （按姓氏笔画为序，共47名）

马大龙	马秀珍（女）	王宇田	王林旭
王随莲（女）	支建华	方　炎	印　红（女）
卢　柯	田玉科（女）	丛　斌	刘政奎
刘晓梅（女）	刘新乐	刘滇生	严　俊
杜德志	杨　佳（女）	李　彬	李华栋
张大方	张亚忠	张桃林	陈永川
姒健敏	邵　鸿	武维华	周卫健（女）
姚志彬	孟　白	赵　雯（女）	赵　韩
赵海英（女）	洪捷序	贾殿赠	徐国权
谢小军	陶夏新	黄宗洪	黄润秋

葛会波	葛均波	韩启德	韩忠朝
曾　华	赖　明	潘建伟	

九三学社第十三届
中央委员会委员名单

（按姓氏笔画为序，共240名）

万卫星	万建民	马大龙	马秀珍（女）
王　东	王大陆	王元丰	王云月（女）
王云龙	王仁祥	王正刚	王训练
王江滨（女）	王汝芳	王宇田	王志玉
王志新	王林旭	王学求	王祖申
王爱琴（女）	王随莲（女）	王绪本	王辉耀
王智彪	支建华	巨拴科	方　炎
印　红（女）	边占喜	卢　柯	申　丹（女）
叶　真	叶　勇	叶烈窑（女）	叶培贵
田玉科（女）	史大卓	付志峰	丛　斌
包宗顺	冯丹龙（女）	冯守华	朱自强
朱诚身	朱春云（女）	朱修林	朱祖德
朱惠英（女）	朱程清（女）	刘　伟（女）	刘　野
刘云艳（女）	刘月宁（女）	刘林平（女）	刘国华
刘忠范	刘建军	刘建明	刘政奎
刘晓梅（女）	刘梦海	刘智慧	刘新乐

刘滇生	齐　新(女)	闫　伟	米志芳(女)
许　进	许　皞	邱树毅	毕志夫
孙玉良	孙运锋	孙德兰(女)	严　俊
严慧英(女)	杜德志	杨　丹	杨　佳(女)
杨　玲(女)	杨社堂	杨慧琼(女)	李　奇
李　彬	李广振	李子林	李玉浸
李有泉	李华栋	李兴钢	李迅雷
李志平	李青山	李青峰	李昕欣
李佐成	李柏林	李国琳(女)	李建阳
李振华	吴　明(女)	吴金明	吴河勇
吴乾渝(女)	沈光明	宋　飞(女)	宋传杰
宋如亚	宋丽英(女)	张　健	张大方
张卫明	张凤宝	张红星	张亚忠
张其林	张国浩	张明森	张鸣实
张学栋	张建申	张桃林	陆延青
陆杰华	陈　东	陈　栋	陈　敏(女)
陈　锋	陈义华	陈代杰	陈永川
陈江华	陈兴冲	陈还堂	陈利浩
姒健敏	邵　鸿	邵峰晶(女)	武维华
范柏乃	林绍彬	欧阳建平	罗卫红(女)
罗立民	罗晓明	罗家均	罗懋康
季晓烨	金　莉(女)	周　锋	周卫健(女)
周兴江	周建军	周浙昆	周耀柒
庞　达	庞学光	郑　瑜	段　雄

段昌群	屈　谦	屈建军	姚志彬
孟　白	孟庆海	孟安明	封亚培
赵　炎	赵　雯(女)	赵　韩	赵力强
赵春华	赵海英(女)	胡安美(女)	施卫东
骆正明	顾也力	顾东风	顾亚平
侯义斌	姜刚杰	洪三国	洪捷序
贾伟平(女)	贾殿赠	钱　锋	钱海鑫
徐　昭	徐国权	栾　波	郭粤梅(女)
唐　颐	唐春发	唐德瑞	阎建国
谢小军	陶夏新	黄兆鸽	黄宗洪
黄骁卓	黄爱龙	黄润秋	黄培强
戚建庄	盛颂恩	唱贺奇	彭喜元
蒋宇扬	蒋春澜	葛会波	葛均波
葛春启	敬忠良	韩启德	韩忠朝
韩慎贵	程　红(女)	程永毅	程绍雨(女)
游庆仲	曾　华	曾晓非(女)	温　洋
楼玉宇(女)	赖　明	解士杰	蔡建平
蔡鹏飞	蔡耀军	廖昌永	谭建荣
潘建伟	潘复生	缴　远	戴红兵
戴晓雁	檀　莉(女)	魏学峰	魏德敏(女)

九三学社第十三届
中央委员会主席、副主席简介

韩启德　男，1945年7月出生，浙江慈溪人，汉族。1995年加入九三学社。中共党员。现任第十二届全国政协副主席，九三学社第十三届中央委员会主席，中国科协八届主席，欧美同学会·中国留学人员联谊会会长，北京大学医学部主任。教授。中国科学院院士，发展中国家科学院院士，美国医学院外籍院士。

1962年至1968年就读于上海第一医学院医学系。1968年至1979年任陕西省临潼县多所基层医院的临床医师。1979年至1982年在西安医学院读研究生，获硕士学位。1982年至2000年历任北京医科大学讲师、副教授、教授，心血管基础研究所所长，副校长兼研究生院院长。其间，1985年至1987年赴美国埃默里大学进修，1989年至1995年每年有3个月在美国埃默里大学任客座教授。2000年至2003年任北京大学常务副校长、研究生院院长、医学部主任、生物医学跨学科中心主任、心血管研究所所长。2002年12月至今任九三学社中央委员会主席。2003年3月至2013年3月任全国人大常委会副委员长。2013 年 3 月至今任全国政协副主席。2006 年至今任中国科协主席。

曾任九三学社第十届中央委员会委员、副主席，第十一、十二届中央委员会主席；北京市第九届委员会副主委。第十、十一届全国人大常委会副委员长；第九届全国政协常委，北京市第九届政协常委。中国科协六届副主席、七届主席。北京大学常务副校长。国际病理生理学会主席。

邵　鸿　男，1957 年 11 月出生，辽宁盖州人，汉族。2002 年加入九三学社。现任九三学社第十三届中央委员会常务副主席，九三学社第十三届中央委员会监督委员会主任委员。教授。第十二届全国政协常委、副秘书长。中央社会主义学院副院长。

1975 年参加工作。1978 年至 1982 年就读于江西师范学院历史系，获学士学位。1982 年至 1985 年在中山大学经济系攻读研究生，获硕士学位。1985 年至 1987 年历任江西大学历史系助教、讲师。1987 年至 1991 年在南开大学历史系攻读研究生，获博士学位。1991 年至 2005 年历任江西大学、南昌大学历史系讲师、副教授、教授，历史系副主任，人文学院副院长，历史系主任，研究生处处长，副校长，副校长兼中德联合研究院院长。2004 年至 2005 年兼任江西省社会主义学院院长。2005 年至今历任九三学社中央委员会副主席、副主席兼秘书长、常务副主席。

曾任九三学社第十一届中央委员会常委、副主席，第十二届中央委员会副主席；江西省第五届委员会主委。第十、十一届全国政协常委;江西省第八届政协常委,第九届政协常委、副秘书长。江西省历史学会会长,江西省社会科学联合会副主席。

谢小军 男,1950 年 12 月出生,重庆合川人,汉族。1995 年加入九三学社。现任九三学社第十三届中央委员会副主席,重庆市第四届委员会主委;重庆市第三届政协副主席;第十二届全国人大常委,重庆市第三届人大代表。教授,博士生导师。中国动物学会理事,中国鱼类学会理事,中国水产学会理事,重庆动物学会理事长。

1969 年参加工作。1973 年至 1975 年就读于四川江津师范学校。1975 年至 1978 年先后在四川合川肖家学校、合川师范学校任教。1978 年至 1982 年就读于北京师范大学生物系,获学士学位。1982 年至 1985 年在西南师范大学生物系攻读研究生,获硕士学位。1985 年至 1986 年任西南师范大学生物系助教。1986 年至 1989 年在北京师范大学生物系攻读研究生,获博士学位。1989 年至今历任西南师范大学讲师、教授、博士生导师、水产科学研究所所长、水生生物及水环境研究所所长;1997 年至今兼任中国科学院水生生物研究所博士生导师。其间,1993 年至 1995 年赴英国斯特灵大学水产科学研究所做博士后研究员,1998 年至 1999 年赴美国迈阿密大学海洋学院做高级访问学者。2000 年至 2003 年任重庆市人民政府农村工作办公室副主任。2003 年至 2011 年任重庆市人民政府副市长。2011 年至今任重庆市政协副主席。

曾任九三学社第十届中央委员会委员、第十一届中央委员会常委、第十二届中央委员会副主席；重庆市第一届委员会副主委，第二、三届委员会主委。第十届全国政协委员，重庆市第一届政协常委；第十一届全国人大代表，重庆市第二届人大代表。

张桃林　男，1961 年 5 月出生，江苏姜堰人，汉族。1994 年加入九三学社。现任农业部副部长。研究员，博士生导师。九三学社第十三届中央委员会副主席。第十二届全国政协常委。第八届中国科协副主席，中国农学会会长。

1978 年至 1982 年就读于南京农学院土壤农化系土壤与农业化学专业，获学士学位。1982 年至 1985 年在中国科学院南京土壤研究所攻读研究生，获硕士学位。1986 年至 1989 年赴联邦德国波恩大学、吉森·李比希大学农学专业留学，获博士学位。1989 年至 1991 年在中国科学院南京土壤研究所做博士后研究。1991 年至 1999 年历任中国科学院红壤生态开放实验站常务副站长、中国科学院南京土壤研究所所长助理、中国科学院南京分院副院长、中国科学院南京土壤研究所所长。其间，1992 年任副研究员，1995 年任研究员，1998 年任博士生导师，1994 年至 1995 年赴美国依阿华州立大学做高级访问学者。1999 年至 2001 年任南京市人民政府副市长。2001 年至 2008 年任江苏省人民政府副省长。2008 年至今任农业部副部长。

曾任九三学社第十一届中央委员会常委、第十二届中央委员会副主席，江苏省第四届委员会常委、第六届委员会主委。第九、十届全国政协委员，第十一届全国政协常委；江苏省第

十、十一届人大代表。江苏省第八届青联副主席。

赖　明　男，1956年8月出生，江苏徐州人，汉族。1988年加入九三学社。现任九三学社第十三届中央委员会副主席。教授，博士生导师。第十二届全国政协常委、提案委员会副主任。

1974年参加工作。1978年至1982年就读于重庆建筑大学，获学士学位。1982年至1985年在西安建筑科技大学攻读研究生，获硕士学位。1985年至1987年在上海同济大学地震工程专业攻读研究生，获博士学位。1987年至1999年历任重庆建筑大学讲师、副教授、教授，教研室主任、校长助理、副校长。1999年至2007年任建设部科学技术司司长。2007年至今任九三学社中央委员会副主席。

曾任九三学社第十、十一届中央委员会委员，第十二届中央委员会副主席；重庆市第一届委员会副主委。第九、十届全国政协委员，第十一届全国政协常委。

马大龙　男，1952年1月出生，山东人，汉族。2003年加入九三学社。现任北京大学人类疾病基因研究中心主任。教授，博士生导师。九三学社第十三届中央委员会副主席，北京市第十二届委员会主委。第十二届全国政协常委，北京市第十二届政协副主席。

1969年参加工作。1973年至1977年就读于广西医学院医疗系。1977年至1978年任南宁矿务局医院医生。1978年至1981年在北京医学院免疫专业攻读研究生，获硕士学位。1981年至1983年任北京医学院助教。1983年至1985年赴德国海德尔大学做访问学者。1985 年至 1987 年任北京医科大学讲师。1987 年至 1989 年在北京医科大学免疫专业攻读研究生，获博士学位。1989 年至 1991 年任北京医科大学副教授。1991 年至今历任北京医科大学/北京大学医学部教授、基础医学院副院长，北京大学医学部主任助理，北京大学校长助理、人类疾病基因研究中心主任。其间，2006 年至 2007 年挂职任北京市药监局局长助理。

曾任九三学社第十二届中央委员会副主席；北京市第十届委员会委员、常委，第十一届委员会主委。第十一届全国政协委员，北京市第十届政协常委、第十一届政协副主席。

从　斌　男，1957 年 7 月出生，山东文登人，汉族。1991 年加入九三学社。现任九三学社第十三届中央委员会副主席，九三学社第十三届中央委员会监督委员会副主任委员，河北医科大学副校长、法医系主任。教授、主任法医师，博士生导师。中国工程院院士。第十二届全国人大常委、法律委员会副主任。

1974 年参加工作。1978 年至 1982 年就读于河北医学院医学系，获学士学位。1983 年至 1986 年历任河北医学院党委宣传部编辑、病理教研室助教。1986 年至 1989 年在西安医科大学法医学专业攻读研究生，获硕士学位。其间，1984 年至 1985 年在西安医科大学全国法医高级师资班学习；1985 年至 1988 年就读于中华律师函授学院（在西北政法学院夜大听课）。1989 年至 1995 年历任河北医学院法医学教研室助教、讲师、副教授。其间，1994 年赴日本信州大学医学部法医学专业作访问学者。1995 年至 1999 年历任河北医科大学法医学教研室教授,实验动物学部副主任、分子生物学研究室主任。1995 年至 1998 年在河北医科大学病理生理学专业攻读研究生,获博士学位。1999 年至今历任河北医科大学研究生部主任,研究生学院院长、法医学教研室主任,副校长、法医系主任。2010 年至今任九三学社中央委员会副主席。其间,1988 年参加全国律师资格考试,取得律师资格;1988 年至 2003 年任兼职律师;1994 年至 1996 年就读于中国社会科学院研究生院民商法专业在职硕士研究生。

曾任九三学社第十一、十二届中央委员会常委,第十二届中央委员会副主席;河北省第四届委员会副主委,第五、六届委员会主委。第十、十一届全国人大常委;河北省第八届政协常委,第九、十届政协副主席;石家庄市第八届政协委员。

赵　雯　女,1956 年 11 月出生,安徽安庆人,汉族。1994 年加入九三学社。现任上海市人民政府副市长。教授,博士生导师。九三学社第十三届中央委员会副主席,上海市第十六届委员会主委。第十二届全国政协常委,上海市第十四届人大代表。全国妇联执委。中国市长协会副会长,中国女市长协会会长。

1974 年至 1976 年任安徽省潜山县油坝中学教师。1976 年至 1983 年任南京航道局财务处主办会计。1983 年至 1985 年就读于武汉交通管理干部学院会计系。1985 年至 1986 年任长江航道总局财务处主办会计。1986 年至 1993 年任武汉交通管理干部学院企业管理系讲师。其间,1989 年至 1992 年在中南财经大学会计系审计专业攻读研究生，获硕士学位。1993 年至 1996 年任广东商学院会计系审计教研室主任、副教授。1996 年至 1997 年任上海市五角场高新技术产业园区管委会副总会计师。1997 年至 2001 年历任同济大学商学院会计系副教授，经济与管理学院会计系副主任（主持工作）、主任，校长助理。2001 年至 2003 年任上海市南汇区人民政府副区长，同济大学教授、博士生导师。其间，1999 年至 2002 年在同济大学经济与管理学院技术经济与管理专业攻读研究生，获博士学位。2003 年至 2008 年历任上海市人大常委、市人大常委会预算工委副主任、市人大财经委委员、市人大常委会副秘书长。2008 年至今任上海市人民政府副市长。

曾任九三学社第十一届中央委员会委员、第十二届中央委员会常委，上海市第十四届委员会副主委、第十五届委员会主委。第十一届全国政协委员，上海市第十二届人大常委、第十三届人大代表。上海市第十二届妇联执委。

卢　柯　男，1965 年 5 月出生，甘肃人，汉族。1993 年加入九三学社。中共党员。现任沈阳材料科学国家（联合）实验室主任。研究员，博士生导师。中国科学院院士，发展中国家科学院院士，德国科学院院士。九三学社第十三届中央委员会副主席，辽宁省第七届委员会副主委，沈阳市第十二届委员会主委。第十二届全国政协常委，沈阳市第十四届政协副主席。

1981 年至 1985 年就读于南京理工大学，获学士学位。1985 年至 1990 年在中国科学院金属研究所金属材料及热处理专业攻读研究生，先后获硕士、博士学位。1990 年至 1997

年历任中国科学院金属研究所助理研究员、副研究员、研究员、博士生导师。1997 年至 2001 年任快速凝固非平衡合金国家重点实验室主任。2001 年至今任沈阳材料科学国家(联合)实验室主任。2001 年至 2012 年任中国科学院金属研究所所长。2005 年至 2006 年兼任上海交通大学材料科学与工程学院院长。

曾任九三学社第十、十一届中央委员会委员,第十二届中央委员会常委;辽宁省第六届委员会副主委,沈阳市第十一届委员会主委。第十、十一届全国政协委员,辽宁省第八、九届政协常委,沈阳市第十三届政协副主席。第十届全国青联副主席。

武维华 男,1956 年 9 月出生,山西孝义人,汉族。2010 年加入九三学社。现任中国农业大学植物生理与生化国家重点实验室主任。教授。中国科学院院士,长江学者特聘教授。九三学社第十三届中央委员会副主席。第十二届全国政协常委。中国植物学会副理事长,国家自然科学基金委生命科学部主任。

1974 年参加工作。1978 年至 1982 年就读于山西大学生物系,获学士学位。1982 年至 1984 年在中国科学院上海植物生理研究所攻读研究生,获硕士学位。1984 年至 1987 年任北京农业大学(现中国农业大学)生物学院讲师。1988 年至 1989 年赴美国新泽西州立大学植物科学系做访问研究;1989 年至 1991 年在美国新泽西州立大学植物科学系攻读研究生,获博士学位。1991 年至 1993 年赴美国哈佛大学做博士后研究。1994 年至今历任中国农业大学生物学院副教授、教授、植物科学系主任，生物学院院长，植物生理与生化国家重点实验室主任。其间，2011 年至 2012 年任北京市农村工作委员会副主任（挂职）。

曾任九三学社第十二届中央委员会常委。第十届全国政协委员，第十一届全国政协常委。

印　红　女，1956 年 10 月出生，江苏泰兴人，汉族。1994 年加入九三学社。现任九三学社第十三届中央委员会副主席兼秘书长。高级工程师。第十二届全国政协常委。

1975 年参加工作。1978 年至 1981 年就读于西北农业大学林学系林学专业，获学士学位。1982 年至 1998 年历任林业部森林保护局、林政保护司、林政资源司主任科员，野生动物和森林植物保护司自然保护区管理处助理调研员。1998 年至 2013 年历任国家林业局野生动植物保护司湿地保护处副处长、处长，《湿地公约》履约办公室常务副主任（副司局级），林业工作站管理总站站长（正司局级），副局长。其间，1989 年获得律师资格证书，2003 年参加国家行政学院第 16 期司厅（局）级公务员任职培训，2008 年参加中央党校省部级深入贯彻落实科学发展观专题研讨班，2009 年参加中央党校第 46 期省部级深化行政体制改革专题班，2011 年参加中组部、商务部、国家行政学院省部级干部提高对外开放能力培训班。2012 年至今任九三学社中央委员会副主席兼秘书长。

曾任九三学社第十二届中央委员会委员。第十一届全国政协委员。

九三学社中央各专门委员会和工作委员会负责人名单

经济专门委员会

主　任： 赵海英(女)

副主任： 王辉耀　朱修林　刘　中　李友元　肖京华(女)　张慧霞(女)　龚　震　曾　军　缴　远

科技专门委员会

主　任： 孟安明

常务副主任： 柴文忠

副主任： 王汝芳　王培德　杜修力　李小军　赵兰香(女)　常　旭(女)　蔡永峰

农林专门委员会

主　任： 万建民

副主任： 王文生　王全辉　方　放　刘东生　刘英杰　吴　鸿　赵永华

顾　问： 刘志仁　黄鸿翔　程美瑾（女）

秘书长： 黎　裕

法律专门委员会

主　任： 阎建国

副主任： 孙运锋　李振华　杨慧琼（女）　吴景明　陈　红（女）　戴红兵

顾　问： 倪正茂　石　英（女）

教育文化专门委员会

主　任： 侯义斌

副主任： 王训练　王建民　付志峰　刘　坚　闫贤良　李克平　李丽萍（女）　李海彬　何彬生　高　勇　蒋春澜　韩长日

秘书长： 朱新梅（女）

社会建设专门委员会

主　任： 陆杰华

副主任： 田圣斌　夏春光　景　莹（女）　温　洋

人口资源环境专门委员会

主　任： 周建军

常务副主任： 邹　晶（女）

副主任： 王广州　刘国华　邱道持　闵庆文

张德二(女) 陈　勉　　陈利浩　　谢俊奇

医药卫生专门委员会

主　任： 吴　明(女)

副主任： 叶　真　　刘迎龙　　刘起勇　　张　健

陈金玉(女) 屈　谦　　赵北海　　胡万宁

宣立学　　敖虎山　　徐　亮

顾　问： 向红丁　　李安良　　陈　新　　郑法雷

谢大鹤

院士工作委员会

主　任： 武维华

副主任： 卢　柯　　潘建伟　　孟安明　　刘忠范

顾　问： 王志珍(女) 闵乃本　　刘应明

文化工作委员会

主　任： 孟　白

副主任： 叶培贵　　刘　伟(女) 刘月宁(女)

海外联络工作委员会

主　任： 王林旭

副主任： 张学栋　　陈乐生　　罗晓明　　李世昌

妇女工作委员会

主　任： 印　红(女)

副主任： 权忠敏(女) 朱程清(女) 吴乾渝(女)

科普工作委员会

主　任： 褚君浩

常务副主任： 朱定真

副主任： 严　俊　钮文异　张　源　王　永

特约监督人员委员会

主　任： 谢俊奇

副主任： 李友元

九三学社组织结构示意图

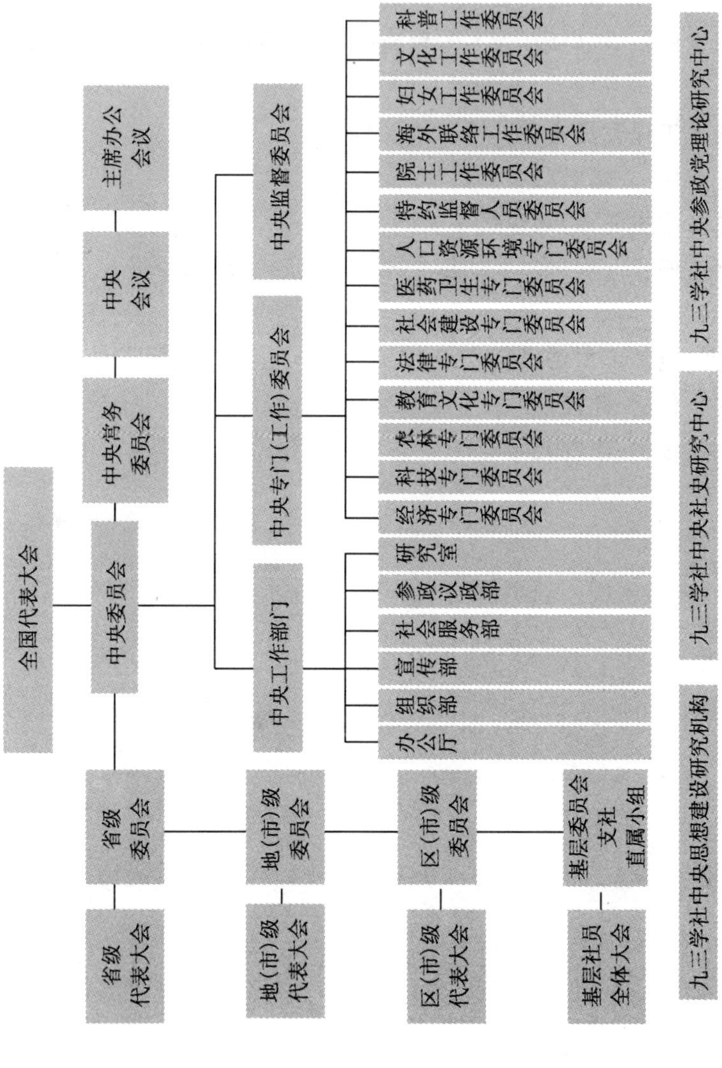

当选为十二届全国人大代表的九三学社社员情况简介

（共53名，其中常委7名）

姓名	性别	出生年月	职称	工作单位及职务	选区
陈永川	男	1964.03	教授	南开大学组合数学中心主任、天津大学应用数学中心主任	天津
丛　斌*	男	1957.07	教授、主任法医师	九三学社专职副主席、河北医科大学副校长	河北
葛会波	男	1961.10	教授	河北省科学院院长	河北
侯华梅	男	1960.11	高级会计师	邯郸市人民政府副市长	河北

王学求	男	1963.01	研究员	中国地质科学院应用地球化学重点实验室主任	河北
祁万利	男	1957.09	研究员	张家口市政协副主席	河北
史书娥	女	1963.11	高级统计师	邢台市人民政府副市长	河北
张红健	女	1969.12		山西省科协科技传播中心副主任、晋美工商管理专修学院院长	山西
冬　云	女	1970.05	高级教师	呼和浩特市第二十六中学	内蒙古
刘政奎*	男	1962.10	教授级高级工程师	辽宁省人大常委会副主任	辽宁
宁桂玲	女	1958.04	教授	大连理工大学副校长	辽宁
贾伟平	女	1956.11	教授、主任医师	上海市第六人民医院院长	上海
廖昌永	男	1968.10	教授	上海音乐学院副院长	上海

邢定钰	男	1945.02	教授	南京大学微生物结构实验室主任	江苏
杨　群	男	1959.09	研究员	中科院南京地质古生物研究所所长	江苏
钱海鑫	男	1955.01	教授	苏州大学第一附属医院副院长	江苏
颜　开	男	1962.08	研究员	中国船舶重工集团第702研究所副所长	江苏
姒建敏*	男	1957.11	教授、主任医师	浙江省人大常委会副主任、浙江大学副校长	浙江
徐秋芳	女	1963.09	教授	浙江农林大学环境科技学院土壤学学科负责人	浙江
马荣荣	男	1960.04	高级农艺师	浙江省宁波市农科院院长	浙江
郑玉红	女	1958.02	高级兽医师	浙江省衢州柯城区畜牧兽医局局长	浙江

罗　平	女	1965.02	教授	安徽省科技厅副厅长	安徽
卢　凌	女	1954.01	教授	阜阳师范学院英语应用语言研究所所长兼外国语学院副院长	安徽
杨　杰	女	1962.11	研究员	安徽小麦产业技术体系宿州综合实验站站长	安徽
刘忠范	男	1962.10	教授	北京大学化学与分子工程学院物理化学研究所所长	安徽
赵　静	女	1966.04	审计师	漳州市人民政府副市长	福建
陈世春	男	1954.08		江西省侨联副主席	江西
王随莲	女	1962.11	研究员	山东省人民政府副省长	山东
邵峰晶	女	1955.12	教授	青岛大学副校长	山东

刘　君	男	1959.06	主任医师	山东省泰安市中心医院院长	山东
赵爱华	男	1964.01	教授	山东省临沂市人民政府副市长	山东
陈　颖	女	1961.04	高级工程师	山东省济宁市政协副主席、济宁市工商联会长	山东
游吟歌	女	1962.11	副教授	河南理工大学音乐学院副院长	河南
万卫星	男	1958.01	研究员	中国科学院地质与地球物理研究所研究室主任	湖北
郭粤梅	女	1956.02	教授级高级工程师	中信建筑设计研究总院有限公司董事长	湖北
何彬生	男	1957.10	教授	长沙医学院院长	湖南
李　华	男	1961.11	教授级高级工程师	中国石油化工股份公司长岭分公司总经理	湖南

雷冬竹	女	1968.11	主任医师	湖南省郴州市第一人民医院副院长	湖南
陈　敏	女	1961.02	教授	广东省环境保护厅副厅长	广东
周建军	男	1960.04	教授	清华大学水利系	广西
朱惠英	女	1965.08	教授级高级工程师	广西建筑科学研究设计院副院长	广西
韦秋利	男	1962.09	工程师	九三学社柳州市委专职副主委	广西
谢小军*	男	1950.12	教授	重庆市政协副主席	重庆
黄润秋*	男	1963.08	教授	成都理工大学副校长	四川
王明雯*	女	1968.05	教授	西昌学院	四川
侯义斌*	男	1952.04	教授	北京工业大学副校长、软件学院院长	四川
张忠民	男	1963.10	主任医师	贵州省人民医院普外科主任	贵州

阎建国	男	1960.07	二级律师	北京市信利律师事务所执行主任	贵州
李学林	男	1967.06	研究员	云南省农业科学院副院长	云南
周卫健	女	1953.03	研究员	中国科学院地球环境研究所副所长	陕西
高　岭	男	1964.12	教授	西北大学副校长	陕西
邓晓辉	男	1964.01	高级工程师	青海省通信服务有限公司总经理	青海
黄　荣	男	1960.12	副教授	全国工商联专职副主席	新疆

注:带*者为十二届人大常委

担任十二届全国政协委员的九三学社社员情况简介

（共103名，其中常委19名，副主席1名）

姓名	性别	出生年月	职称	工作单位及职务
九三学社(45人)				
马大龙*	男	1952.01	教授	北京大学人类疾病基因研究中心主任
马秀珍	女	1963.05	副主任医师	九三学社宁夏区委主委
王宇田*	男	1956.03	教授、主任医师	海南省政协副主席
支建华	男	1956.06	高级工程师	吉林省政协副主席
巨拴科	男	1960.05	教授	陕西省安康市人民政府副市长
田玉科*	女	1953.07	教授、主任医师	华中科技大学同济医学院麻醉学教研室主任

印　红*	女	1956.10	高级工程师	九三学社中央专职副主席兼秘书长
刘新乐	男	1961.11	高级工程师	内蒙古自治区人民政府副主席
刘滇生	男	1953.05	教授	山西大学副校长
许　进	男	1959.11		北京融盛汇智投资顾问有限公司总经理
孙运锋	男	1965.02	工程师	河南省监察厅副厅长(正厅级)
孙步新	男	1954.05	高级工程师	北京市邮政公司资深经理
严　俊*	男	1958.03	研究员	中国科学院国家天文台台长
杜德志	男	1964.11	研究员	青海大学副校长、青海省农林科学院副院长
李　彬	男	1962.03	研究员	广西壮族自治区政协副主席
李华栋*	男	1960.03	教授	江西省政协副主席、江西省科协主席
张大方	男	1959.04	教授	湖南省政协副主席、湖南省经济和信息化委员会副主任

张亚忠	男	1956.05	教授级高级工程师	河南省政协副主席
张桃林*	男	1961.05	研究员	农业部副部长
邵　鸿*	男	1957.11	教授	九三学社中央常务副主席
武维华*	男	1956.09	教授	中国农业大学植物生理生化国家重点实验室主任
罗家均	男	1964.01	高级规划师	天津市滨海新区旅游区管委会副主任
周　锋	男	1963.12	教授	九三学社上海市委专职副主委
庞学光	男	1963.09	教授	天津市和平区人大常委会副主任
屈　谦	男	1960.04	主任医师、副教授	重庆市卫生局局长
赵　韩	男	1957.05	教授	合肥工业大学副校长
赵　雯*	女	1956.11	教授	上海市人民政府副市长
赵海英	女	1965.01		中国投资有限责任公司执委会成员、中央汇金公司副总经理

胡万宁	男	1964.02	主任医师、教授	唐山市人民医院院长
姜刚杰	男	1959.07	主任医师、教授	贵州省文化厅副厅长
洪三国	男	1960.09	教授	江西省科技厅厅长
洪捷序	男	1960.01	高级工程师	福建省人民政府副省长
姚志彬*	男	1953.09	教授	广东省政协副主席
骆正明	男	1963.06	高级工程师	四川省黄浦投资控股(集团)有限公司董事长
贾殿赠	男	1962.03	教授	新疆大学副校长
徐国权	男	1962.08	副教授	九三学社中央办公厅主任
高　抒	男	1956.12	教授	南京大学地理与海洋学院院长
陶夏新	男	1949.10	教授	黑龙江省政协副主席
黄宗洪*	男	1956.02	研究员	贵州省农科院副院长
韩启德☆	男	1945.07	教授	九三学社中央主席

曾　华*	男	1953.01	教授	云南师范大学副校长
游庆仲	男	1957.09	研究员级高级工程师	江苏省交通厅运输厅长
赖　明*	男	1956.08	教授	九三学社中央专职副主席
解士杰	男	1963.07	教授	山东大学物理学院教授
戴晓雁	男	1959.08	教授	成都市政协副主席、九三学社成都市委主委

中华全国总工会(3 人)

冯丹龙	女	1959.03	教授、研究员级高级经济师	辉瑞投资有限公司企业事务部总监
李志军	男	1961.06	教授级高级工程师	中国公路工程咨询集团有限公司副总工程师
张明森	男	1962.01	教授级高级工程师	中国石油化工股份有限公司北京化工研究院副总工程师

中华全国妇女联合会(6 人)

严慧英	女	1964.02	工程师	中国集团公司促进会副秘书长

杨　佳	女	1963.04	教授	中国科学院研究生院
肖新月	女	1962.09	研究员	中国食品药品检定研究院中药处副处长
吴　明	女	1961.11	教授	北京大学医学部主任助理
董翠娜	女	1962.10	国家一级演员	烟台市京剧院院长
曾晓非	女	1963.04	教授	辽宁省对外经济贸易合作厅副厅长(正厅级)

中华全国青年联合会(2 人)

卢　柯*	男	1965.05	研究员	沈阳材料科学国家(联合)实验室主任
陈化兰	女	1969.03	研究员	中国农业科学院哈尔滨兽医研究所国家暨 OIE 禽流感参考实验室主任

中华全国工商业联合会(1 人)

许仲梓*	男	1958.08	教授	江苏省人大常委会副主任、江苏省工商联主席

中国科学技术协会(4 人)

邓金根	男	1963.08	教授	中国石油大学(北京)
冯守华	男	1956.03	教授	吉林大学化学学院
吴家睿	男	1956.12	研究员	中国科学院上海高等研究院副院长
潘复生	男	1962.07	教授	重庆市科学技术研究院院长、重庆市科学技术委员会副主任(正厅级)

科学技术界(8 人)

万建民	男	1960.06	教授	中国农业科学院作物科学研究所所长
马　力	男	1957.08	高级工程师	东风商用车技术中心资源规划部主管
王元青	男	1964.01	研究员	中国科学院古脊椎动物与古人类研究所学位委员会主任

曲　伟	男	1966.12	副研究员	航天11院
李景虹	男	1967.12	教授	清华大学化学系学术委员会副主任、分析中心副主任
周成虎	男	1964.08	研究员	中国科学院地理科学与资源研究所副所长
贾德昌	男	1969.01	教授	哈尔滨工业大学特种陶瓷研究所副所长
潘建伟	男	1970.03	教授	中国科学技术大学校长助理

社会科学界(1人)

宋镇豪	男	1949.01	研究员	中国社会科学院历史研究所先秦史室主任

农业界(4人)

刘凤之	男	1963.07	研究员	中国农业科学院果树研究所所长
刘建军	男	1956.08	研究员	四川省农业科学院副院长
许皞男	男	1963.01	教授	河北农业大学资源与环境学院、国土资源学院院长

吴　鸿	男	1960.03	教授	浙江省林业厅副厅长

教育界(9 人)

王长华	男	1956.06	教授	河北师范大学副校长
王训练	男	1958.09	教授	中国地质大学(北京)副校长、研究生院院长
申　丹	女	1958.04	教授	北京大学人文学部副主任、欧美文学研究中心主任
刘月宁	女	1965.10	教授	中央音乐学院音乐孔子学院办公室主任
张凤宝	男	1963.02	教授	天津大学教务处处长
孟安明	男	1963.07	教授	清华大学生命科学学院
顾也力	男	1955.02	教授	广东外语外贸大学副校长
钱　锋	男	1961.04	教授	华东理工大学副校长
徐玖平	男	1962.09	教授	四川大学工商管理学院院长

医药卫生界(13 人)

赵东科	男	1954.11	主任药师	陕西省杨凌东科麦迪森制药有限公司董事长兼总经理
王旭东	男	1954.10	教授	南京中医药大学中医医史文献所
王智彪	男	1958.06	教授	重庆医科大学生物医学工程学院院长、超声医疗国家工程研究中心主任
史大卓	男	1960.03	研究员	中国中医研究院西苑医院副院长
刘迎龙*	男	1952.04	主任医师	首都医科大学附属北京安贞医院小儿心脏中心主任
池　慧	女	1959.12	研究员	中国医学科学院北京协和医学院医学信息研究所副所长兼图书馆副馆长
孙丰源	男	1958.03	主任医师	天津市第一中心医院副院长

张　健	男	1963.05	教授	湖南省卫生厅厅长
陈义汉	男	1964.10	教授	同济大学医学院副院长
林绍彬	男	1957.03	主任医师	福州市第二医院副院长
徐　亮	男	1952.08	研究员	同仁医院副院长、北京市眼科研究所所长
葛均波	男	1962.11	教授	复旦大学附属中山医院心内科主任
董小平	男	1961.05	研究员	中国疾病预防控制中心科技处处长

对外友好界(1 人)

王林旭*	男	1959.06	教授、一级美术师	中央民族大学副校长、民族文化宫副主任(正局级)

少数民族界(5 人)

卢　京*	男	1960.01	主任医师	文山壮族苗族自治州人民医院副院长
多央娜姆	女	1962.07	高级工程师	成都市质量技术监督局副局长

刘晓梅	女	1966.05	教授	九三学社甘肃省委主委、甘肃省统计局总统计师
金　莉	女	1954.05	教授	北京外国语大学副校长
雷后兴	女	1961.08	主任医师	丽水市人民医院副院长

新闻出版界(1 人)

舒安娜	女	1954.04	副教授	郑州市文广新局副局长

注:带★者为十二届全国政协副主席

带*者为十二届全国政协常委

中国科学院院士中的九三学社社员情况简介

（共 54 名）

姓名	出生年月	专业或专长	工作单位
数学物理学部(11 名)			
汤定元	1920.05	红外物理	中国科学院上海技术物理研究所
刘应明	1940.01	模糊数学	四川大学
李荫远	1919.06	固体物理与理论物理	中国科学院物理研究所
闵乃本	1935.08	晶体物理	南京大学
洪朝生	1920.01	低温技术与低温物理	中国科学院低温技术实验中心
程开甲	1918.08	理论物理与固体物理	解放军总装备部科技委
谢家麟	1918.08	加速器物理学	中国科学院高能物理研究所
邢定钰	1945.02	凝聚态理论	南京大学

李安民	1946.09	数学	四川大学
潘建伟	1970.03	量子信息、原子分子与光物理	中国科学技术大学
陈永川	1964.03	组合数学	南开大学

化学部(6名)

卢佩章	1925.10	分析化学	中国科学院大连化学物理研究所
刘若庄	1925.05	物理化学	北京师范大学
严东生	1918.02	材料科学	中国科学院上海硅酸盐研究所
唐有祺	1920.07	物理化学	北京大学
刘忠范	1962.01	物理化学	北京大学
冯守华	1956.03	无机化学	吉林大学化学学院

生命科学和医学学部(16名)

王志珍(女)	1942.07	生物物理	中国科学院生物物理研究所
王志新	1953.08	生物化学	清华大学
尹文英(女)	1922.01	昆虫学与鱼类寄生虫学	中国科学院上海植物生理生态研究所
刘建康	1917.09	鱼类学与淡水生态学	中国科学院水生生物研究所
杨雄里	1941.01	生物物理	复旦大学神经生物研究所

沈允钢	1927.12	植物生化	中国科学院上海植物生理生态研究所
沈善炯	1917.04	微生物生化与分子遗传学	中国科学院上海植物生理生态研究所
张永莲(女)	1935.02	雄激素对真核基因细胞	中国科学院上海生化与细胞研究所
韩启德	1945.07	心血管病理生理学	北京大学医学部
王恩多(女)	1944.11	生物化学与分子生物学	中国科学院上海生命科学研究院
汪忠镐	1937.09	血管外科	首都医科大学宣武医院血管外科研究所
童坦君	1934.08	老年基础医学	北京大学基础医学院、北京大学衰老研究中心
孟安明	1963.07	发育生物学	清华大学生命科学学院
葛均波	1962.11	心血管内科	复旦大学附属中山医院
武维华	1956.09	植物生理学	中国农业大学

程和平	1962.12	细胞生物学和生物物理学	北京大学

地学部(8 名)

文圣常	1921.11	海洋学	中国海洋大学
杨　起	1919.05	煤田地质学	中国地质大学
赵柏林	1929.04	大气科学	北京大学
顾知微	1918.05	地层古生物学	中国科学院南京地质古生物研究所
郭令智	1915.04	大地构造及大陆边缘地质	南京大学
周卫健(女)	1953.03	宇宙成因核素与全球变化	中国科学院地球环境研究所
万卫星	1958.07	空间物理	中国科学院地质与地球物理研究所
周成虎	1964.08	地图学与地理信息系统	中国科学院地理科学与资源研究所

信息技术科学部(4 名)

褚君浩	1945.03	红外光电子材料和器件	中科院上海技术物理研究所
雷啸霖	1938.11	半导体物理	上海交通大学

陈星弼	1931.01	技术科学	成都电子科技大学
阙端麟	1928.05	半导体材料	浙江大学

技术科学部(9 名)

卢　柯	1965.05	材料科学	沈阳材料科学国家(联合)实验室
师昌绪	1920.11	金属学与材料科学	国家自然科学基金会
杨　槱	1917.10	船舶设计	上海交通大学
邱大洪	1930.04	海岸及近海工程	大连理工大学
陈学俊	1919.03	热能动力工程及工程热物理	西安交通大学
徐采栋	1919.03	有色冶金物理化学	贵州科学院
曹楚南	1930.08	腐蚀科学与电化学	浙江大学环境与资源学院
魏寿昆	1907.09	冶金学与冶金物理化学	北京科技大学
成会明	1963.10	材料科学与工程	中国科学院金属研究所

中国工程院院士中的
九三学社社员情况简介

（共15名）

姓名	出生年月	专业或专长	工作单位
机械与运载工程学部（3名）			
阮雪榆	1933.01	模具设计与制造	上海交通大学
郭重庆	1933.06	机械制造与设施规划	同济大学
谭建荣	1954.01	机械设计及理论	浙江大学
信息与电子工程学部（1名）			
范滇元	1939.02	激光技术	中国科学院上海精密机械研究所
化工、冶金与材料工程学部（3名）			
师昌绪	1920.11	金属学与材料科学	国家自然科学基金会
严东生	1918.02	材料科学	中国科学院上海硅酸盐研究所
王国栋	1942.10	材料科学	东北大学

土木、水利与建筑工程学部(3 名)

陈吉余	1921.09	河口海岸学	华东师范大学
赵国藩	1925.01	混凝土结构	大连理工大学
马克俭	1934.11	结构工程	贵州大学

环境与轻纺工程学部(1 名)

周　翔(女)	1934.09	染整工程	东华大学

农业学部(2 人)

程顺和	1939.09	小麦育种	江苏省农科院里下河地区农科所
印遇龙	1953.01	动物营养与饲料学	中国科学院亚热带农业生态研究所

医药与卫生工程学部(2 名)

彭司勋	1919.07	生化与药物	中国药科大学
丛　斌	1957.07	法医学	河北医科大学

在政府、司法机关（厅局级及以上）中担任实职的九三学社社员情况简介

（共161名）

姓名	性别	出生年月	工作单位及职务
中　央			
张桃林	男	1961.05	农业部副部长
张建华	男	1965.07	国土资源部信息中心副主任
刘国华	男	1961.05	国务院南水北调办公室环境保护司副司长
刘东生	男	1962.12	国家林业局经济发展研究中心主任
廖默然	女	1956.10	国家烟草专卖局中国烟草机械集团有限公司副巡视员
北　京			
柴文忠	男	1963.05	北京市市政市容管理委员会副主任
谢俊奇	男	1962.11	北京市国土资源局副局长
付志峰	男	1956.05	北京市教委副主任
王汝芳	男	1970.03	中关村管委会副主任
徐　平	男	1958.07	北京市地震局副局长

阎　军	男	1964.12	北京朝阳区人民政府副区长
天　津			
高怀友	男	1972.01	天津市质量技术监督局总工程师
张云霞	女	1965.01	天津市国土资源和房屋管理局副总工程师
刘冬云	女	1962.09	天津市河北区人民政府副区长
罗家均	男	1964.01	天津市滨海新区滨海旅游区管理委员会副主任
姜立超	男	1963.11	天津市滨海新区汉沽管理委员会副主任
河　北			
葛会波	男	1961.01	河北省科学院院长
侯华梅	女	1960.11	邯郸市人民政府副市长
史书娥	女	1963.11	邢台市人民政府副市长
山　西			
王爱琴	女	1967.08	太原市人民政府副市长
李青山	男	1965.05	教授,山西省教育厅副厅长
内蒙古			
刘新乐	男	1961.11	内蒙古自治区人民政府副主席
赵永华	男	1963.04	内蒙古自治区扶贫办副主任
李超英	男	1958.06	内蒙古自治区贸促会副会长
辽　宁			
曾晓非	女	1963.04	辽宁省对外贸易经济合作厅副厅长(正厅级)

孟庆海	男	1964.11	辽宁省科技厅副厅长
朱程清	女	1965.04	大连市人民政府副市长
王祖申	男	1959.12	辽宁省人力资源和社会保障厅副厅长
陈金玉	女	1963.07	辽宁省卫生厅副厅长
孙德兰	女	1962.05	辽宁省对外友好协会常务副秘书长
杨新立	女	1966.12	辽宁省人民检察院副检察长
吉　林			
刘景平	女	1963.08	吉林省工商管理局副局长
徐彦夫	男	1959.03	吉林省审计厅副厅长
柳　涛	男	1969.07	吉林省农业委员会副主任
李振华	男	1957.07	吉林省检察院副检察长
陈济生	男	1956.09	长春市住房保障和房地产管理局副局长
孔令起	男	1962.04	长春市质量技术监督局副局长
郗书元	男	1955.12	长春市卫生局副局长
李　铭	男	1969.04	长春市技术市场管理办公室主任
陈　东	男	1967.08	吉林市人民政府副市长
葛　锌	男	1968.04	长春净月经济开发区筹建办副主任
黑龙江			
张长斌	男	1962.08	黑龙江省科技厅副厅长
张　帆	男	1968.05	哈尔滨市医疗保险中心副主任
宋和良	男	1963.12	哈尔滨市水务投资有限责任公司常务副总经理

高迎春	女	1961.05	哈尔滨市卫生监督所副所长
罗　辑	男	1963.04	哈尔滨市城乡规划设计研究院副院长
朱晓峰	男	1963.12	佳木斯市人民政府副市长
张兴海	男	1955.07	七台河市人民政府副市长
上　海			
赵　雯	女	1956.11	上海市人民政府副市长
吴乾渝	女	1963.05	上海市杨浦区人民政府副区长
夏以群	女	1960.05	上海市静安区人民政府副区长
季晓烨	男	1961.01	上海市质量技术监督局副局长
王训国	男	1966.11	上海市青浦区人民政府副区长
景　莹	女	1962.10	上海市普陀区人民政府副区长
任向阳	男	1957.02	上海市松江区人民政府副区长
江　苏			
游庆仲	男	1957.09	江苏省交通厅厅长
杨湘宁	男	1956.01	江苏省教育厅副厅长
宋如亚	男	1964.01	江苏省住房和城乡建设厅副厅长
褚宗明	男	1961.06	江苏省审计厅副厅长
李　奇	男	1963.08	江苏省科技厅副厅长(正厅级)
吴海云	女	1970.10	连云港市人民政府副市长
浙　江			
叶　真	男	1957.11	浙江省卫生厅副厅长
吴　鸿	男	1960.03	浙江省林业厅副厅长
罗卫红	女	1965.04	浙江省民政厅副厅长

楼玉宇	女	1968.12	杭州市江干区政府副区长
马　彦	男	1968.04	杭州市上城区政府副区长
叶正波	男	1964.06	宁波市人口与计划生育委员会主任
陈南翔	男	1964.08	宁波市质量技术监督局副局长
丁晓燕	女	1967.11	绍兴市人民政府副市长
安　徽			
蔡建平	男	1958.01	安徽省水利厅副厅长
詹云超	男	1959.02	安徽省地质矿产勘查局副局长
罗　平	女	1965.02	安徽省科技厅副厅长
王莉莉	女	1967.01	淮北市人民政府副市长
吴　宁	女	1956.10	安徽省农委副总农艺师
福　建			
洪捷序	男	1960.01	福建省人民政府副省长
金　星	男	1960.07	福建省地震局局长
吴小颖	男	1974.11	福建省公务员局副局长、人力资源开发办公室副主任
赵　静	女	1966.04	漳州市人民政府副市长
陈美琼	女	1958.12	南平市人民政府副市长
陈　宁	男	1958.07	福建省环保厅副厅长
吴添富	男	1968.02	福建省粮食局副局长
王胜熙	男	1961.04	福建省住建厅副厅长
江　西			
洪三国	男	1960.09	江西省科技厅厅长
山　东			
王随莲	女	1962.11	山东省人民政府副省长

王玉志	男	1966.01	山东省国土资源厅副厅长
车纯滨	男	1953.07	山东省环保厅副厅长
李国琳	女	1962.12	山东省文化厅副厅长
徐茂波	男	1963.11	山东省科技厅副厅长
邓　度	男	1956.08	山东省地矿局副局长
李景全	男	1960.04	山东省济南市林业局局长
李咸梁	男	1977.11	济南市市中区人民政府副区长
付修琍	女	1974.07	济南市历城区人民政府副区长
赵爱华	女	1964.01	临沂市人民政府副市长
河　南			
孙运锋	男	1965.02	河南省监察厅副厅长(正厅级)
杨书廷	男	1962.12	河南省新乡市人民政府副市长
朱焕然	男	1963.01	河南省发改委副主任
郝敬鸿	男	1967.02	河南省安全生产监督管理局副局长
万明云	男	1955.09	河南省审计厅副厅长
宋丽英	女	1957.09	河南省环保厅副厅长
章锦丽	女	1965.11	河南省食品药品监督管理局副局长
戴艳萍	女	1961.08	河南省水利厅总工程师
湖　北			
陈　锋	男	1955.03	湖北省新闻出版社副局长、武汉大学中国传统文化中心副主任
欧阳建平	男	1955.01	湖北省教育厅副厅长
焦跃华	男	1961.01	湖北省审计厅副厅长
周佳念	男	1968.02	湖北省高级人民法院副院长

湖　南

张大方	男	1959.04	湖南省经济和信息化委员会副主任
张　健	男	1963.05	湖南省卫生厅厅长
王　键	男	1955.12	湖南省教育厅副厅长
李云才	男	1960.08	湖南省供销合作总社副主任

广　东

陈　敏	女	1961.02	广东省环境保护厅副厅长
王　东	男	1965.04	广州市人民政府副市长
兰　茵	女	1959.12	韶关市人民政府副市长
吴国杰	男	1966.05	江门市人民政府副市长
张少康	男	1965.10	新疆喀什地区行政公署副专员
陈宣群	女	1971.03	肇庆市人民政府副市长
吴月霞	女	1963.01	中山市人民政府副市长
陈芝岳	男	1963.11	阳江市人民政府副市长
傅新江	男	1963.04	深圳市中级人民法院副院长

广　西

戴红兵	男	1967.07	广西壮族自治区高级人民法院副院长
黄日富	男	1956.05	广西壮族自治区旅游局副局长
廖　坚	男	1961.04	广西壮族自治区法制办副主任
彭健铭	男	1964.10	梧州市人民政府副市长
曾祥联	女	1969.12	广西道路运输管理局副局长
韦志边	男	1963.08	广西知识产权局副局长

海　南

李柏青	男	1962.03	海南省三亚市人民政府副市长
张海山	男	1962.03	海南证监局副局长
孙立新	男	1960.04	海南省电子邮政局副局长

重　庆

潘复生	男	1962.07	重庆市科委副主任（正厅级）、重庆市科学技术研究院院长
屈　谦	男	1960.04	重庆市卫生局局长
余国东	男	1967.12	重庆市永川区人民政府副区长
王力军	男	1959.12	重庆市科学技术委员会副主任
黄　华	男	1965.06	重庆市涪陵区人民政府副区长
雷瑞宏	男	1963.09	重庆市綦江区人民政府副区长
张国建	男	1963.09	重庆市万州区人民政府副区长
毛　伟	男	1962.01	重庆市大渡口区人民政府副区长
周　勇	男	1965.10	重庆市江北区人民政府副区长
张　力	女	1963.04	重庆市北碚区科协主席
周建英	女	1972.06	重庆市城口县人民政府副县长

四　川

唐　萍	女	1961.07	四川省审计厅副厅长
王　瑜	男	1957.07	绵阳市人民政府副市长
刘建明	男	1963.10	攀枝花市人民政府副市长
多央娜姆	女	1962.07	成都市质量技术监督局副局长
张钟庆	男	1962.05	成都市人力资源和社会保障局副局长

范家堂	男	1965.02	成都市青白江区人民政府副区长
付　超	男	1961.11	成都市成华区人民政府副区长
贵　州			
谭　红	女	1959.12	贵州科学院常务副院长(正厅级)
姜刚杰	男	1959.07	贵州省文化厅副厅长
杜　清	男	1964.12	贵州省建设厅副厅长
杨同光	男	1968.08	铜仁市人民政府副市长
云　南			
杨慧琼	女	1956.01	云南省监察厅副厅长(正厅级)
高颂山	男	1954.02	云南省知识产权局局长
解丽平	女	1964.09	云南省人民政府驻上海办事处副主任(副厅级)
陕　西			
巨拴科	男	1960.05	陕西省安康市人民政府副市长
许春霞	女	1961.03	陕西省科技厅副厅长
段先念	男	1958.11	西安市人民政府副市长
李佐成	男	1956.01	西安市科学技术协会副主席
甘　肃			
戈银生	男	1961.08	兰州市人民政府副市长
吴　震	男	1965.11	白银市人民政府副市长
阎鹏勋	男	1963.03	白银市人民政府副巡视员
青　海			
王　彤	女	1968.03	西宁市人民政府副市长
宁　夏			
霍健明	男	1962.01	中卫市人民政府副市长

担任省级以上特约(邀)人员的九三学社社员情况简介

（共321名）

姓名	工作单位及职务	受聘单位及职务
中　央(20名)		
李　溦	中国财经大学培训学院院长	监察部特约监察员
刘　斌	九三学社陕西省委巡视员	监察部特约监察员
徐国权	九三学社中央社会服务部部长	公安部特约监督员
王林旭	中央民族大学副校长，民族文化宫副主任(正局级)	公安部特约监督员
李华栋	江西省科协主席	公安部特约监督员
张桂平	沈阳航空工业学院北方软件学院院长	公安部特约监督员

侯义斌	北方工业大学副校长、软件学院院长	教育部特约教育督导员
刘国华	国务院南水北调建设委员会办公室环境保护司副司长	国土资源部特约监察员
汤大友	北京市环境保护科与研究院研究员	国土资源部特约监察员
缴　远	中国信达资产管理股份有限公司技术部总经理	国家税务总局特约监督员
李友元	北京工商大学经济学院教授	国家税务总局特约监督员
孟安明	清华大学生命科学学院教授	国家审计署特约审计员
严慧英	中国集团公司促进会副秘书长	最高人民法院特约监督员
陆杰华	北京大学社会学系教授	最高人民法院特约监督员
徐　亮	北京同仁医院副院长、眼科研究所所长	最高人民法院特约监督员
石　英	辽宁大学法学院教授	最高人民法院特约监督员
谢俊奇	北京市国土资源局副局长	最高人民检察院特约检察员

张明森	中石化北京化工研究院副总工程师	最高人民检察院特约检察员
周建军	清华大学水利系教授	最高人民检察院特约检察员
王元丰	九三学社中央参政议政部副部长	最高人民检察院特约检察员

北　京(20名)

郑晓东	中国石油勘探开发研究院物探技术所室主任	北京市政府特约监察员
卢金星	中国疾病预防控制中心传染病预防控制所副所长	北京市政府特约监察员
王　钊	清华大学医学院校科研院院长助理	北京市政府特约监察员
程留恩	冶金自动化设计研究院研发中心副总工程师	北京市政府特约监察员
赵　艳	北京市金数码投资有限公司副总经理兼制药厂总工程师	北京市政府特约监察员
王　堃	中国农业大学动物科技学院副院长	北京市政府特约监察员

马鸿韬	北京体育大学体育艺术系主任	北京市特约教育督导工作人员
沈兴海	北京大学化学与分子工程学院应用化学系放射化学与辐射化学重点学科实验室系主任、实验室主任	北京市特约教育督导工作人员
王文贤	北京市市政工程设计研究总院建筑所副所长	北京市劳动和社会保障局特约监督员
杜修力	北京工业大学建工学院院长	北京市劳动和社会保障局特约监督员
朱　嘉	北京市京高综合通信设备有限公司总经理	北京市审计局特约审计员
邵　源	财政部财政科学研究所图书资料馆外国财政研究会副秘书长	北京市审计局特约审计员
赵改书	首都经贸大学贸经系	北京市审计局特约审计员
郑　实	北京市建筑设计研究院科技质量部副总建筑师、部长	北京市规划委员会特约工作人员
张永福	华沛德律师事务所	北京市城管执法局特约监督员

高　萍	九三学社北京市东城区委常务副主委	北京市城管执法局特约监督员
黄　白	中国建筑装饰协会总编辑	北京市城管执法局特约监督员
黄宇平	北京市自然科学基金委员会副秘书长、办公室副主任	北京市工商局特约工作人员
景　军	清华大学社会学系	北京市检察院特约检察员
李友元	北京工商大学经济学院教授	国家税务局特约监察员、北京市高检特约监督员、市政法系统特约监督员

天　津(8 名)

张凤宝	天津大学教务处处长	天津市人民检察院特约检察员
贾晓捷	天津天芝－敏迪通讯有限公司副总经理	天津市人民检察院特约检察员
李冰清	南开大学经济学院风险管理与保险学系主任	天津市审计局特约审计员
管学斌	天津泰达中塘投资开发有限公司总经理	天津市国土资源和房屋管理局特约国土房屋监督员

王玉颖	天津市河东区房地产管理局副局长、调研员	天津市公安局特邀监督员
孙华林	天津市南开区环境保护局副局长	天津市公安局特邀监督员
张云霞	天津市国土资源和房屋管理局副总工程师	天津市公安局特邀监督员天津市工商局特邀监督员
杨文胜	天津市宝坻区环境保护局副局长	天津市公安局特邀监督员

河　北(3 名)

朱建民	河北省交通勘察设计院副总工程师	公安厅特邀监督员
栾文楼	石家庄经济学院资源与环境工程研究所所长	监察厅特邀监察员
陈　红	河北融投控股集团有限公司总法律顾问	监察厅特邀监察员

山　西(5 名)

姚二云	九三学社山西省委原专职副主委	山西省监察厅特约监察员
李青山	山西医科大学药学院院长	山西省监察厅特约监察员
姚晓明	山西财经大学财务处副处长	山西省审计厅特约审计员

闫义勇	运城市政协副主席	山西省政风行风监督员
王　杰	九三学社长治市委专职副主委	山西省政风行风监督员

内蒙古(3名)

边占喜	九三学社内蒙古区委专职副主委	内蒙古自治区检察院特邀检察员
徐建新	内蒙古自治区扶贫基金会秘书长	内蒙古自治区检察院特邀检察员
赵海平	内蒙古医科大学临床医学部主任	内蒙古监察厅特邀监察员

辽　宁(4名)

任雅芹	九三学社鞍山市委主委	辽宁省检察院特约监督员
王忠延	丹东市交通局副局长	辽宁省教育行风监督员
解淼	盘锦市民政局办公室副主任	辽宁省公安厅特邀监督员
张和平	九三学社辽宁省委巡视员	辽宁省监察厅特约监察员、辽宁省法院特约监督员

吉　林(12名)

蔡鹏飞	九三学社吉林省委员会专职副主委	吉林省人民政府参事、吉林省检察院特邀检察员

张如石	吉林省信托投资有限责任公司副总经理	吉林省审计厅特邀审计员
迟宝荣	吉林大学第一医院	教育部特邀监察员、省检察院特邀监察员、省质量监督系统特邀监督员
付星奎	吉林农业大学	省纪委特邀监察员
赵玉谦	吉林大学材料学院	长春市中级人民法院特邀陪审员
冷向阳	长春中医药大学附属医院常务副院长	长春市烟草专卖局行风监督员
刘曙野	吉林财经大学外语学院院长	长春市中级人民法院特邀陪审员
张　立	吉林财经大学	长春市中级人民法院特邀陪审员
侯冠森	长春博爱中医院院长	长春市公安局警务监督员
苏秀文	长春市中医院	吉林省女子监狱特约政行风监督员
张晓丽	长春市引松入长工程建设办公室	吉林省卫生厅医德医风监督员
王　进	九三学社长春市委专职副主委	长春市医疗卫生监督员

黑龙江(2 名)

车代弟	东北农业大学园艺学院副院长	黑龙江省监察厅特约监督员
白沐阳	黑龙江筑安建筑集团有限公司董事长	黑龙江省政府监督员、黑龙江省法院监督员

上　海(38 名)

张启琴	上海电气集团股份有限公司资产财务部经理	上海市特邀监察员
牟振英	上海申通地铁集团有限公司第四运营有限公司总工程师	上海市特邀监察员
方建安	东华大学发展规划处处长、高教研究所所长	上海市特邀监察员
封亚培	上海纺织(集团)有限公司副总裁	上海市特约检察员
王　育	上海市政工程设计研究总院(集团)有限公司副总裁(副院长)	上海市特约检察员
毛时安	上海市文化广播影视管理局副局巡视员	上海市特约检察员
沈　洁	上海市社会主义学院院长助理	上海市特约审计员

季晓烨	上海市质量技术监督局副局长	上海市特约审计员
周　锋	九三学社上海市委专职副主委	上海市特约教育督导员
桑　标	华东师范大学学前与特殊教育学院院长	上海市特约教育督导员
王若文	上海应用技术学院体育教育部主任	上海市政风行风监督员
康　青	华东理工大学商学院工商管理系	上海市政风行风监督员
潘士华	上海市林业总站副站长	上海市公安局特邀监督员
郭其一	同济大学电子与信息工程学院	上海市第二中级人民法院特邀监督员
爱新觉罗·德甄	上海博钰文化发展有限公司董事长	上海市纠风办行风政风监督员
许丽萍	上海岩土工程勘察设计研究院有限公司总工程师	上海市纠风办行风政风监督员
郭洪仙	上海对外经贸大学工商管理学院	上海市工商局政府行风监督员
刘　樱	上海国际集团董事长办公室主任兼审计总部总经理	上海市税务部门特邀监督员

朱　红	九三学社上海市委秘书长	上海市司法局执法(行风)督察员
沈群慧	长宁区建设和交通委员会副主任	上海市消防局特邀监督员
李颖君	上海市纺织科学研究院纺织化学工程中心	上海市交通港口局执法总队政风行风监督员
黄　晨	上海理工大学环境与建筑学院副院长	上海市环保系统政风行风建设特邀监督员
邵印麟	普陀区人民医院副院长	上海市电力公司社会行风监督员
程维明	上海工程技术大学副校长	上海市电力公司社会行风监督员
施菊萍	崇明县人力资源和社会保障局副局长	上海市电力公司社会行风监督员
朱少伟	中国福利会《哈哈画报》杂志社副社长兼执行主编	上海市公安局特邀监督员
张培志	上海材料研究所事业部主任	上海市公安局特邀监督员
黄　鸣	上海市政协提案委员会常务副主任	上海市检察院人民监督员
廖　侃	中科院上海生命科学研究院院长助理	上海市高级人民法院特邀监督员

王承馥	上海市住房保障和房屋管理局权籍管理处处长	上海市第一中级人民法院特邀监督员
施　华	华东师范大学第二附属中学化学组组长	上海市第二中级人民法院特邀监督员
李建国	上海体育学院体育社会科学研究中心主任	上海市纠风办行风政风监督员
金　亮	上海市工商联副主席	上海市工商局政府行风监督员
章伟民	上海外经贸商务展览有限公司华交会项目部项目经理	上海市工商局政府行风监督员
吴健生	同济大学海洋与地球科学学院地球物理系	上海市环保系统政风行风建设特邀监督员
曹珍富	上海交通大学电子信息与电气工程学院计算机系教授、上海交通大学可信任数字技术实验室主任	中国电信上海分公司服务质量社会监督员
干杏娣	复旦大学经济学院	上海市电力公司社会行风监督员
董亚明	上海师范大学生命与环境科学学院化学系	上海市质量技监局特邀监督员

江　苏(15 名)

朱　伟	河海大学环境科学与工程学院副院长	江苏省纪委特约党风联络员、省监察厅特邀监察员
桑　海	南京大学固体微结构物理国家重点实验室副主任	江苏省纪委特约党风联络员、省监察厅特邀监察员
陆兆新	南京农业大学食品科技学院院长	江苏省检察院特约检察员
杨　群	中科院南京地质古生物研究所所长	江苏省检察院特约检察员
龚乐年	东南大学教授	江苏省检察院人民监督员
包宗顺	江苏省社科院农村发展研究所所长	江苏省高级人民法院特邀审判监督员、江苏省人大常委会立法咨询委员会委员
孙则禹	南京鼓楼医院泌尿外科研究所所长	江苏省高级人民法院特邀审判监督员
秦小麟	南京航空航天大学信息安全研究所所长	江苏省高级人民法院特邀审判监督员
江　南	南京师范大学地理科学学院	江苏省公安厅警风警纪监督员
张天真	南京农业大学作物遗传与种质创新国家重点实验室主任	江苏省科技厅政务公开特邀监督员

沈菊琴	河海大学商学院	江苏省国税局特约税务监督员
沈永明	江苏联盛律师事务所主任	江苏省国税局特约税务监督员
张洪发	江苏省注册会计师协会副秘书长	江苏省审计厅特约审计员
王旭东	南京中医药大学文献研究所所长	江苏省劳教局执法监督员
冯蜀陉	九三学社江苏省委副秘书长兼组织处处长	江苏省人事厅人事工作及机关作风建设监督员

浙　江(36 名)

许二萍	杭州市疾控中心免疫预防所所长	浙江省卫生厅行风监督员
李艳芹	民生制药集团有限公司总工程师	杭州市房管局行风监督员
李同星	杭州电视机厂(退休)	杭州市爱卫办清洁城市监督员
金　鹰	浙江腾飞金鹰律师事务所主任	杭州市房管局行风与效能顾问
崔新明	浙江世贸投资控股有限公司总裁	杭州市效能办绩效评估专家
王杏芳	杭州市燃气集团有限公司顾问	杭州市食品药品监督管理局行风监督员

吴永强	杭州市财政局财政监督监察局检查一处副处长	杭州市安全生产局行风监督员
高　峰	杭州江干区工商联秘书长	杭州市物价局物价监督员
胡友耕	杭州红雷丝织厂（退休）	杭州市贸易局农贸市场监督员
贺　弢	西湖风景名胜区财政局副局长	杭州市西湖风景名胜区管委会党风监督员
周其东	九三学社宁波市委会	专职副主委宁波国税局行风监督员、宁波市住建委行风监督员
俞珍芬	九三学社宁波市委会秘书长兼组织部长	宁波市政府督学、宁波市教育系统特约监督员
陈洪水	宁波城建投资控股有限公司总工程师	宁波市规划局特约监督员
陈　航	中国船级社浙江分社	宁波市质量技术监督局特约监督员
周文华	宁波市微循环与莨菪类药研究所所长、宁波大学医学院执行院长	中共宁波市委党风监督员
宫成胜	宁波市歌舞团有限责任公司	浙江省人民检察院人民监督员

金慧敏	浙江省水文地质大队退休	浙江省国土资源系统政风行风监督员
姚耀涛	湖州市农科院	浙江省人民检察院湖州地区人民监督员
王　晓	九三学社宁波市委会调研室副主任	宁波市政府纠风办政风行风监督员
余舟平	上海百荣房地产开发有限公司、上海百荣建筑工程有限公司董事长	上海市纠风办公室政风行风测评员
周渭泉	九三学社衢州市委会专职副主委	浙江省人民检察院人民监督员
罗卫红	浙江省民政厅副厅长	浙江省监察厅特约监察员
王庆丰	浙江大学机械电子控制工程研究所所长、博导	浙江省监察厅特约监察员
吕仲贤	浙江省农科院植保所副所长	浙江省检察院特约检察员
范柏乃	浙江大学公共管理学院博导	浙江省教育厅特约教育督导员
陈　引	浙江工商大学财务与会计学院	浙江省国税系统行风建设特邀监察员
邱燕萍	浙江广播电视大学财务处科长	浙江省审计厅特约审计员

王　珂	浙江大学环资学院副院长、博导	浙江省国土资源厅特约行风监督员
陈　明	浙江省社会保险事业管理中心	浙江省财政厅机关效能建设监督员
陈六一	浙江经济职业技术学院	浙江省地税系统效能作风建设特邀(约)监察员
何相礼	浙江大合建设工程检测有限公司董事长	浙江省质监局行风监督员
董　耿	浙江省食品药品监督管理局政策法规处处长	浙江省高级人民法院特约监督员
叶烈窑	九三学社浙江省委员会专职副主委	浙江省政风行风监督员
李占荣	浙江财经学院法学院副院长	浙江省政风行风监督员
周国新	浙江省火电建设公司工程部副主任	浙江省环保厅政风行风监督员
吴　鸿	浙江省林业厅副厅长	浙江省公安交警系统特邀执法监督员

安　徽(11名)

陈乾旺	中国科学技术大学微尺度国家实验室	安徽省纪委党风党纪监督员、省监察厅特邀监察员安徽省检察院特约检察员

沈玉先	安徽医科大学基础医学院院长	安徽省高院特邀监督员
肖　箭	安徽大学数学科学学院	安徽省特邀行政执法监督员
金维平	合肥市科协副主席	安徽省特邀行政执法监督员
汪裕钊	中国能建安徽省电力设计院	电力专业委员会副秘书长安徽省政风行风评议员
巢惠民	合肥市第一人民医院影像中心副主任、CT室主任	安徽省通信行风评议员
郜玉梅	宣城市水务局总工程师	安徽省公安厅行风监督员
李益湘	安徽省国土资源厅矿产资源储量处副处长	安徽省物价局义务政风监督员
吴　平	省电力公司副总工程师	安徽省物价局义务政风监督员
何宏勋	安庆市立医院儿科第一副主任	安徽省政风监督员
卢　辉	安徽国元控股集团总会计师	安徽省审计厅特约审计员

福　建(11 名)

李子林	九三学社福建省委专职副主委兼秘书长	福建省地税局廉政效能行风监督员

林葆荣	九三学社福建省委原秘书长(退休)	福建省政府纠风办民主评议政风行风代表
邱春福	福建省电力勘测设计院副总工	福建省政府纠风办民主评议政风行风代表
翁家宝	福建师范大学材料科学与工程学院副院长	福建省环保局特约环保监督员
林修凤	福建农林大学国资处处长	福建省审计厅特约审计员
吴　强	福建中医学院针灸学院院长	福建省食品药品监督管理局特邀监督员
余　明	福建师范大学地理科学学院教师	福建省监察厅特邀监察员
林　铭	福建省科技厅科技型中小企业创新资金管理中心	福建省监察厅特邀监察员
李金算	福建省科学技术信息研究所副所长	福建省公务员局(人力资源开发办公室)民主评议政风行风代表、福建省公务员局(人力资源开发办公室)特邀监督员、福建省科技厅政风行风评议代表
常　安	福州大学数学与计算机科学学院院长	福建省公安厅特邀监督员

郑　翔	福建省冶金工业设计院院长	福建省检察院特约检察员

江　西(12 名)

栾　波	九三学社江西省委专职副主委	江西省监察厅特邀监察员
王荣辉	江西省煤田地质局测绘大队队长	江西省监察厅特邀监察员
宁火华	江西省食品药品检验所中药室	江西省国税局特约税务监察员
邹好红	江西帆顺投资有限公司董事长	江西省国税局特约税务监察员
郭新平	江西省国土资源厅信息中心主任	南昌市特邀监督员
潘　军	江西邮政公司工会副主席	江西省卫生厅卫生行风监督员
杨艳清	江西省第二建筑工程公司	江西省审计厅特约审计员
谢力军	江西广播电视大学	江西省检察院特约检察员
周荣彪	江西省煤炭集团处长	江西省检察院特约检察员
骆成洪	南昌大学理学院	江西省国土资源厅特邀国土资源监察专员
唐　囡	江西省电力试验研究院所长	江西省教育厅教育督导员

漆志坚	江西观光国际旅行社总经理	江西省教育厅教育督导员

山　东(15 名)

王志玉	九三学社山东省委副主委	山东省监察厅特约监察员山东省食品药品监督管理局特邀监督员
郭新民	九三学社山东省委巡视员山东省公安厅特邀监督员	山东省国土资源厅特邀监督员
宋尚桂	济南大学教育心理学院院长	山东省监察厅特约监察员
王希常	山东省招生考试院信息处处长	山东省地税局特约监察员
殷允岭	济宁市人大常委会副主任	山东省公安厅特邀监督员
侯　婕	菏泽市科技局局长、	山东省公安厅特邀监督员
林　萍	九三学社青岛市委副主委	青岛市监察局、市公安局、市地税局特约监督员
武建平	九三学社青岛市委秘书长	青岛市审计局监督员
胡　翔	国家海洋局北海分局总工	青岛市环保局特约监督员

张　健	青岛力恒丰装饰工程有限公司董事长	青岛市公安局特约监督员
段　超	山东清泰律师事务所副主任	青岛市国土资源与房屋管理局特约监督员
陈宁宁	九三学社济南市委副主委兼秘书长	济南市规划局特约监督员
侯建国	济南市财政国库支付局副局长	济南市规划局特约监督员
付修琍	济南市历城区副区长	济南市规划局特约监督员
田　洁	济南市规划设计院院长助理、副总工程师	济南市审计局特约审计员

河　南(8名)

陈志民	九三学社河南省委专职副主委	河南省公安厅特约监督员
王云龙	河南省生物工程技术研究中心主任	河南省检察院特约检察员
朱　琳	郑州大学一附院药学部副部长	河南省监察厅特约监察员
文才艺	河南农业大学植物病理系主任	河南省监察厅特约监察员
郑德强	河南一德电气有限公司董事长	河南省安监局特约监督员
高大为	河南省教育厅成人教研室办公室主任	河南省教育厅特约监督员

郜国玉	河南省环保厅环境监察总队副总队长	河南省地税局特约监督员
崔学晨	河南省科瑞科技有限公司总工程师	河南省安监局特约监督员

湖　北(4名)

陈胜利	九三学社武汉市委副秘书长、组织部部长	武汉市监察局特邀监察员
夏　伟	武汉国发控股集团有限公司	武汉市监察局特邀监察员
赵　云	财务总监湖北省妇幼保健院副主任医师	湖北省政风行风特约督察员
田圣斌	中国地质大学(武汉)公共管理学院	湖北省政风行风特约督察员

湖　南(4名)

杨小安	湖南省质量技术监督局标准化处处长	湖南省人民检察院特邀检察员
方　拯	湖南省建工集团总法律顾问	湖南省人民检察院特邀检察员
朱修林	湖南华源港口物流有限公司董事长	湖南省人民检察院特邀检察员
刘　玮	郴州市财政局预算科	湖南省交通局政风行风监督员

广　东(24名)

陈国华	广东联合集团公司董事长	广东省特邀监察员

郭清宏	广东省质量监督珠宝贵金属检验站站长	广东政风行风评议成员
潘守聚	广州市环境保护科学研究院	广州市政府市政府决策咨询专家
郑　静	广州市规划局总规处副处长	广州市政府市政府决策咨询专家
曾春航	广州市胜特建筑科技开发有限公司总经理	广州市监察局特约监察员
鲁　洁	广州市规划局景观处副处长	广州市国土房管局特约国土监督员
汪　波	广东和藤医药科技股份公司总经理	广州市审计局特约审计员
李　霞	广东省建筑科学研究院工程咨询所副所长	广州市监察局行风评议员
邓方阁	广州医学院第一附属医院呼吸疾病研究所	广州市教育局特约教育督导员
谭　萍	白云区政协秘书科科长	广州市监察局廉洁广州建设人民观察员
张溪林	广州市第一人民医院老年病科主任	广州市检察院特约检察员
蔡志华	九三学社广州市委员会副巡视员	广州市公安局警务廉政监督员
程庆红	深圳市罗湖区纪委(监察局)副局长	深圳市检察院特约检察员

李　月	深圳职业技术学院医学技术与护理学院院长	深圳市教育局特约教育督导员
高继华	深圳大学材料学院	深圳市教育局特约教育督导员
徐　波	深圳市政工程设计院有限公司总工程师	深圳市监察局特邀监察员
方成群	深圳市盛世欣兴格力贸易有限公司副总经理	深圳市监察局特邀监察员
李中胜	九三学社深圳市委员会调研员	深圳市监察局特邀监察员
李　霞	深圳市市政设计院有限公司四所副所长	深圳市规划和国土资源委员会特约社会监督员
曾志刚	深圳天地会计师事务所所长	深圳市审计局特约审计监督员
熊　琳	中海油深燃能源公司财务部部长	深圳市审计局特约审计监督员
朱兰春	深圳大成律师事务所	深圳市地方税务局特邀监察员
陈瑞香	九三学社江门市委员会专职副主委	广东省检察院人民监督员

傅　瑜	电子科技大学中山学院计算机学院院长	广东省检察院人民监督员

广　西(3 名)

冯贻杰	九三学社广西区委调研室主任	广西壮族自治区监察厅特邀监察员
赖定凡	九三学社广西区委组织部部长	广西壮族自治区国税局特邀监督员
李　晖	广西大学法学院环境法研究中心主任	广西壮族自治区人民检察院特约检察员

海　南(2 名)

周耀柒	九三学社海南省委员会专职副主委	海南省高级人民法院特邀监督员
颜家安	海南省人大常委	海南省检察院特邀监察员

重　庆(8 名)

陈义华	重庆市政协副秘书长	重庆市人民政府特邀监察员
黄爱龙	重庆医科大学副校长	重庆市人民检察院特邀检察员
王　芳	重庆市急救中心妇产科	重庆市国家税务局特邀监督员
涂慧琼	九三学社重庆市委办公室主任	重庆市机构编制监督员
张　川	重庆大学土木工程学院副院长	重庆市国土资源和房屋管理局特邀监督员

罗晋川	重庆理工大学经济与贸易学院	重庆市地税监察局特邀监察员
王远亮	重庆大学生物工程学院副院长	重庆市特邀教育督导员
黄共田	重庆市黔江区政协(退休)	重庆市审计局特邀审计员

四　川(26 名)

阳恩国	四川雅砻江流域水电开发有限公司副总工程师	四川省检察院特约检察员
张　志	四川省决策咨询工作办公室副主任	四川省审计厅特约审计员
廖　睿	成都睿雅弘投资有限公司	四川省审计厅特约审计员
李忠鹏	四川省社会科学院	四川省高级人民法院特约廉政员
徐玖平	四川大学工商管理学院院长	四川省教育厅特约教育督导员
罗　龙	四川五方律师事务所主任	四川省监察厅特邀监察员
彭培好	成都理工大学	四川省监察厅特邀监察员
陈德才	四川大学华西医院	四川省监察厅特邀监察员

郭长珩	四川岷山集团董事	成都市地税局特邀监察员
毛中明	西南财经大学统计学院副院长	成都市审计局特邀审计员
缪明杨	西南财经大学图书馆副馆长	成都市社保局特邀监督员、成都市安监局特邀监督员
张志强	西南交通大学土木学院	成都市监察局特邀监察员
孙晓红	泸州市人民医院儿科主任	四川省检察院特约监督员、泸州市法院廉政监督员
阳恩国	四川雅砻江流域水电开发有限公司副总工程师	四川省检察院特约检察员
张　志	四川省决策咨询工作办公室副主任	四川省审计厅特约审计员
廖　睿	成都睿雅弘投资有限公司	四川省审计厅特约审计员
李忠鹏	四川省社会科学院	四川省高级人民法院特约廉政员
徐玖平	四川大学工商管理学院院长	四川省教育厅特约教育督导员
罗　龙	四川五方律师事务所主任	四川省监察厅特邀监察员

彭培好	成都理工大学	四川省监察厅特邀监察员
陈德才	四川大学华西医院	四川省监察厅特邀监察员
郭长珩	四川岷山集团董事	成都市地税局特邀监察员
毛中明	西南财经大学统计学院副院长	成都市审计局特邀审计员
缪明杨	西南财经大学图书馆副馆长	成都市社保局特邀监督员、成都市安监局特邀监督员
张志强	西南交通大学土木学院	成都市监察局特邀监察员
孙晓红	泸州市人民医院儿科主任	四川省检察院特约监督员

贵　州(7名)

姜刚杰	九三学社中央委员、贵州省委副主委、省文化厅副厅长	贵州省检察院特约检察员
谭　红	九三学社贵州省委副主委、贵州科学院常务副院长(正厅长级)	贵州省检察院人民监督员
聂坤琪	九三学社贵州省委经济委员会副主任、原贵州省统计局调研员	贵州省检察院人民监督员

张仁津	九三学社贵州省委委员、贵州师范大学数学与计算机学院副院长	贵州省教育厅特约督学
周洪梅	九三学社贵州省委委员、社省委办公室主任兼社会服务处处长	贵州省国税局税务监督员
于　虹	贵阳护理职业学院检验系系主任	贵州省检察院人民监督员
李胜君	九三学社铜仁市委专职副主委	贵州省检察院人民监督员

云　南(3名)

段昌群	云南大学生命科学学院常务副院长、云南省微生物研究所所长	云南省科技厅特约监察员
徐鹏远	昆明医科大学第二附属医院干疗外科主任	云南省监察厅特邀监察员
董海京	云南省环境科学研究院	云南省监察厅特邀监察员

陕　西(13名)

李昌华	西安建筑科技大学信控学院院长	陕西省监察厅特邀监察员
李怀恩	西安理工大学研究生部副主任	陕西省监察厅特邀监察员

史丽萍	陕西省人民医院保健办主任	陕西省监察厅特邀监察员
杜美利	西安科技大学研究生学院院长	陕西省监察厅特邀监察员
刘　斌	九三学社陕西省委员会	陕西省监察厅特邀监察员(正厅级待遇)、陕西省监察厅特邀监察员
刘富生	退休	陕西省监察厅特邀监察员
仲伟周	西安交通大学经济与金融学院所长	陕西省审计厅特邀审计员
高晓林	西安财经学院	陕西省审计厅特邀审计员
闫晓君	西北政法大学刑事法学院	陕西省高级人民法院监督员
王清发	陕西省地下水管理局副局长	陕西省高级人民法院监督员
赵　宏	西安交通大学机械学院	陕西省高级人民法院监督员
李青莲	九三学社陕西省委员会组织部部长	陕西省高级人民法院监督员
苏世强	九三学社榆林市委会主委	陕西省教育督察员

宁　夏(2 名)

杨世宏	九三学社固原市委会主委(专职)	宁夏回族自治区人民政府参政室参事
范建荣	北方民族大学管理学院	宁夏回族自治区统计局特邀统计执法监督员

新　疆(2 名)

李安民	九三学社新疆区委会专职主委	新疆维吾尔族自治区人民政府城乡规划督察员
孔德云	九三学社乌鲁木齐市专职副主委	新疆维吾尔族自治区督察厅政风行风评议员

九三学社各地方组织领导人名单

（省级组织30个，市（县）级组织316个）

北京市第十二届委员会

主　委： 马大龙

副主委： 侯义斌　孟安明　王训练　方　炎（专）
常　旭（女）　陆杰华　柴文忠

秘书长： 刘永泰（专）

海淀区委员会

主　委： 王训练

副主委： 王彦辉　叶培贵　江　毅（女　专）　王汝芳
马鸿韬

秘书长： 赵国春

朝阳区委员会

主　委： 张明森

副主委： 卢清国　王全辉　王　强　郭淑丽（女）
何深思（女）　茅为中（专）

秘书长： 茅为中（兼）

西城区委员会

主　委： 杨月欣

副主委： 郑　实　谢苗荣　杨　玲（女）　谢志红（女）
曹淑琴（女）　魏建新（女　专）

秘书长： 安　宇（专）

东城区委员会

主　委： 何厚夫

副主委： 蒲　丛　杨文玉　朱岩石　赵元立　郭凤书（女）
高　萍（女　专）

秘书长： 高　萍（兼）

丰台区工作委员会

主　任： 程留恩

副主任： 韦　云（女）　胡国强　安　威　王宏镭

石景山区工作委员会

主　任： 左小兵

副主任： 何云飞　陈文彰　吴　瑕（女）

大兴区工作委员会

主　任： 韩占生

副主任： 郭　巍（女）　刘学宪　胡明伟　罗道全

昌平区工作委员会

主　任：陈　勉

副主任：李克非　陈立新　董清华　王　胜(女)

通州区工作委员会

主　任：赵　静(女)

副主任：乔梦虎　石逸杰　单国俊

天津市第十一届委员会

主　委：陈永川

副主委：张凤宝　孙丰源　齐　新(女)　庞学光　罗家均
黄骁卓(专)

秘书长：张玉芳(女　专)

和平区委员会

主　委：庞学光

副主委：张占佳　尚玉敏(女)　赵素敏(女)
张　莘(女　专)

河东区委员会

主　委：王玉颖(女)

副主委：袁危平　张茂青(专)　陈　锐　丁晓丽(女)

河西区委员会

主　委：岳宝山

副主委： 由立宏（女） 庞树玲（女） 刘　忠 刘琮蔚（女）
李　明（女　专）

河北区委员会

主　委： 刘冬云

副主委： 张华云 王　莹（女） 张世斌（女）

南开区委员会

主　委： 贾晓捷

副主委： 段光安 徐宗佩 李忠廉 孙华林

滨海新区委员会

主　委： 罗家均

副主委： 姜立超 窦连彬 黄骁卓 李树发（专）

河北省第七届委员会

主　委： 葛会波

副主委： 王长华 胡万宁 许　皞 刘林平（女　专）
毕志夫 侯华梅（女） 王学求 蒋春澜

秘书长： 王建民（专）

石家庄市委员会

主　委： 王长华

副主委： 王志国 于奕峰 邵新中 刘小立

王丽欣（女　专）　栾文楼

秘书长： 姚建强

保定市委员会

主　委： 许　皞

副主委： 阎增爱（女　专）　赵清华　夏培鑫　张晨钰（女）

秘书长： 武伟明

唐山市委员会

主　委： 胡万宁

副主委： 李存龙（专）　梁英华（女）　王国栋　王春燕（女）

秘书长： 李存龙（兼）

张家口市委员会

主　委： 祁万利

副主委： 杨连宝　张雅婷（女　专）　王石顺　郭志炜　张文瑞

秘书长： 付贵元

廊坊市委员会

主　委： 王学求

副主委： 李　志（女）　李志芳（女　专）　要根明

秘书长： 李志芳（兼）

邯郸市委主员会

主　委： 侯华梅(女)

副主委： 郑双保　赵绍林　李校天

秘书长： 杨玉芳（非专职）

秦皇岛市委员会

主　委： 刘志新

副主委： 高永平　许跃福(专)　王国光　龚秀峰
刘莹新(女)

秘书长： 许跃福(兼)

邢台市委员会

主　委： 史淑娥(女)

副主委： 勾艳华(女　专)　闫泽平

秘书长： 勾艳华(兼)

承德市委员会

主　委： 贾珍山

副主委： 吴晓群(女)　朱海鹰　高立国　王会云(女)

秘书长： (空缺)

沧州市委员会

主　委： 徐　深

副主委： 张金胜　郑新平　刘德娥(女　专)　王　毅

秘书长： 岳建玲

衡水市委员会

主　委： 姚会亭

副主委： 王自勇　董彦君（女）　赵更英（女　专）
宋立民　王　静（女）

秘书长： 曹九生（非专职）

山西省第九届委员会

主　委： 刘滇生

副主委： 杨社堂（专）　张并生　李青山　张文旺　闫义勇
张培富（专）　张红健（女）

秘书长： 曾俊英（女　专）

太原市委员会

主　委： 张文旺

副主委： 张　章　张晓峰　曲蕙蕙（女　专）

秘书长： 曲蕙蕙（女　兼）

大同市委员会

主　委： 杨硕平

副主委： 刘志忠（专）　刘　伟（女）　郭　彪　孙学民
王兴武　段贵宏（女）

秘书长： 薛志英

朔州市委员会

主　委： 韩文让

副主委： 李　洲　赵向忠　霍秀荣(女)　高晋长

秘书长： 温志忠

忻州市委员会

主　委： 李效玲(女)

副主委： 张爱萍(女)　刘海鹭(女)　张玉萍(女)
武志英(女　专)

秘书长： 张润荀

晋中市委员会

主　委： 邓　明

副主委： 王素林(女)　武　剑　吴建功　刘　芳(女 专)
王灵萍(女)　李建校

秘书长： 刘　芳(女　兼)

阳泉市委员会

主　委： 李天祥

副主委： 乔泉生　张巧花(女　专)

秘书长： 张志国

长治市委员会

主　委： 魏　武(女)

副主委： 王　杰(专)　郭　霞(女)　陈骁忠　牛志敏

秘书长： 李艳岩(女)

晋城市委员会

主　委：郭一峰

副主委：裴池善　王新明(专)　王高峰　王永革

　　　　程春明　谢小竹(女)

秘书长：王永革(兼)

临汾市委员会

主　委：梁清燕(女)

副主委：咸保健　赵　强(女　专)　王全武　赵素丽(女)

　　　　王启太

运城市委员会

主　委：闫义勇

副主委：贾爱珍(女)　王宏斌(专)　王建国　古建明

秘书长：王宏斌(兼)

内蒙古自治区第七届委员会

主　委：刘新乐

副主委：边占喜(专)　闫　伟　徐建新　霍洪军

秘书长：边占喜(兼)

呼和浩特市委员会

主　委：吕秋娥(女)

副主委：陈　娟(女　专)　田建军　李志根　冬　云(女)

秘书长： 陈　娟（兼）

锡林浩特市委员会

主　委： 敖小孟

副主委： 马志宪　白世英（女）　韩　雄

秘书长： 哈鸿儒（女）

呼伦贝尔市委员会

主　委： 丽　娜（女）

副主委： 甄　理　张建军　王喜江　李淑华（女）

秘书长： 张建军（兼）

乌海市委员会

主　委： 许宏然

副主委： 秦　萍（女）　王　进　张树和　赵丽华（女）

秘书长： 陈　静（女）

赤峰市委员会

主　委： 贾洪榛

副主委： 刘志慧　孙卫东　廉　冬（女）　党永康

秘书长： 杨洪杰

包头市委员会

主　委： 梁　瑞

副主委： 许　涛（女）　齐凤凌（专）　徐　境　许一兵

秘书长： 姚　远（女）

集宁市委员会

主　委： 李　洁（女）

副主委： 赵永华　张守乐　关慧明　刘建明

秘书长： 赵　晔（女）

鄂尔多斯市委员会

主　委： 房建华（女　专）

副主委： 黄益凡　张丽波（女）　千慧芬（女）

秘书长： 张丽波（兼）

通辽市委员会

主　委： 包庆贺

副主委： 李云娟（女）　杨　萍（女）　王湘涛

秘书长： 狄长志

辽宁省第七届委员会

主　委： 刘政奎

副主委： 卢　柯　王正刚　曾晓非（女）　王祖申
朱程清（女）　唐可心　宁桂玲（女）　董安鑫
唱贺奇（专）

秘书长： 石　晶（女　专）

沈阳市委员会

主　委： 卢　柯

副主委： 庄　严（女　专）　成会明　依艳丽（女）
张　颖（女　专）　原忠虎　韩　毅　刘春明
郭　玲（女）　高恩君　张淑华（女）　戴纪锋

大连市委员会

主　委： 朱程清（女）

副主委： 关宏志（专）　宁桂玲（女）　陈见阳　周旭晨
夏春光　冯云廷　刘兆坤　孟长功　丁银萍（女）

秘书长： 关宏志（兼）

鞍山市委员会

主　委： 任雅芹（女　专）

副主委： 刘　刚　郑亚利（女）　谭　平　梅　冬

抚顺市委员会

主　委： 米志芳（女）

副主委： 王心田　刘玉梅（女）　吴维成

秘书长： 李淑清（女）

本溪市委员会

主　委： 董安鑫（专）

副主委： 高凤娟（女）　赵晓林　陈文斐（女）

秘书长： 高世春

丹东市委员会

主　委： 王忠延

副主委： 王金瑜（女）　李永久　艾行爽（女　专）
赵　伟　李月蔷（女）

秘书长： 陈旭东

锦州市委员会

主　委： 李卫民

副主委： 勾庆有（专）　牛　丹　姚彦林　高志安　姚宝艳

秘书长： 王　虹（女）

营口市委员会

主　委： 孙玉良

副主委： 张　轩　赵福江（专）　吴红卫（女）

阜新市委员会

主　委： 何大为

副主委： 李东明（专）　宁良梅（女）　韩占武（专）

辽阳市委员会

主　委： 唐可心

副主委： 夏　源　沈玉均　张雅军（女　专）

朝阳市委员会

主　委： 许　静（女　专）

副主委： 常志新（专）　王淑华（女）　白晓平（专）

铁岭市委员会

主　委： 赵必先

副主委： 姚晓娟（女）　刘丽（女　专）

秘书长： 陈　岩

盘锦市委员会

主　委： 蒋文夫（专）

副主委： 吴丽君（女）　王　典（女）

秘书长： 于洪庆

葫芦岛市委员会

主　委： 刘凤之

副主委： 张明义　于德复　罗　敏（女）

秘书长： 张亚莉（女）

吉林省第七届委员会

主　委： 支建华

副主委： 陈　东　蔡鹏飞（专）　徐彦夫　张红星

王江滨（女）　李振华　王　龙　金国庆（专）

秘书长： 金国庆（兼）

长春市委员会

主　委： 张红星

副主委： 王　进（专）　陈济生　王丽颖（女）　李　铭　王秋利（女）　张文祥

秘书长： 顾红艳（女）

吉林市委员会

主　委： 陈　东

副主委： 鲁建春　姚春明　林永柏　苗　茁

秘书长： 郁秉孝

四平市委员会

主　委： 孙立忠

副主委： 毛　毅　刘　奎

秘书长： 王进馥（女）

辽源市委员会

主　委： 王　龙

副主委： 贺德林 李凤岩

秘书长： 姜永成

通化市委员会

主　委： 潘加佳

副主委： 王岐明　于静涛　徐艳萍（女　专）

秘书长： 李春光

松原市委员会

主　委：苏　刚

副主委：祖云飞（专）　辛　枫

秘书长：祖云飞（兼）

黑龙江省第七届委员会

主　委：陶夏新（专）

副主委：庞　达　唐春发　刘　野
李振民　张晓丹（女）　朱晓峰
李志平（专）

哈尔滨市委员会

主　委：唐春发（专）

副主委：曲春波（兼）　逻　辑（兼）　孙桂玲（女　兼）
蒋力学（兼）　张美华（女　兼）

秘书长：霍树成（专）

齐齐哈尔市委员会

主　委：徐兆飞（专）

副主委：许天斌（兼）　戴建华（兼）　宋　波（女　兼）
叶　蓬（兼）

秘书长：何伟琦（专）

牡丹江市委员会

主　委：王开军（兼）

副主委： 郑秋萍（女　兼）　张富广（兼）　韩树柏（兼）
文晓峰（兼）
秘书长： 刘纹萍（女　专）

佳木斯市委员会

主　委： 朱晓峰（兼）
副主委： 鲍文华（兼）　杜晓岩（女　兼）　姜　莉（女　兼）
王　双（女　兼）
秘书长： 李兴林（专）

鸡西市委员会

主　委： 王均兵（兼）　郑哲浩（兼）　杨彦波（兼）
秘书长： 何　玮（女　专）

大庆市委员会

主　委： 吴河勇（兼）　王继珍（女　兼）
秘书长： 王继珍（女　兼）

大兴安岭地委员会

主　委： 鲍海军（兼）
副主委： 张殿臣（专）　钟起锚（兼）　刘云兴（兼）
周　佳（兼）
秘书长： 林　月（女　专）

黑河市委员会

主　委： 曹文兴（兼）

副主委： 郭永利（专）　于宝刚（兼）

绥化市委员会

主　委： 宫伏山（兼）

副主委： 赵文博（兼）　刘丽华（兼）

秘书长： 朱　莉（专）

七台河市委员会

主　委： 张兴海（兼）

副主委： 李长春（专）　韩玉泉（兼）

秘书长： 李长春（兼）

上海市第十六届委员会

主　委： 赵　雯（女）

副主委： 夏以群（女）　程维明　陈义汉　敬忠良　周　锋（专）
钱　锋　葛均波　李昕欣　黄勇平（专）

秘书长： 朱　红（女　专）

静安区委员会

主　委： 严俊瑛（女）

副主委： 季晓烨　肖　震　冯　夷（女　专）

秘书长： 冯　夷（女　兼）

徐汇区委员会

主　委： 朱国建

副主委： 曹明根　许　利(女)　周梅婴(女　专)

秘书长： 周梅婴(女　兼)

杨浦区委员会

主　委： 任建兴

副主委： 李长毅　奚　健　郑棣华

秘书长： 刘豫祥

长宁区委员会

主　委： 沈群慧(女)

副主委： 黄妙莉(女)　倪旭东

秘书长： 顾馥凝(女)

闵行区委员会

主　委： 夏　红(女)

副主委： 陈文军　王宁红(女)　龚明红　周任远

秘书长： 谭文琦(女)

闸北区委员会

主　委： 郭其一

副主委： 王学伟(专)　谭洁群(女)　王志麟

秘书长： 王学伟(兼)

黄浦区委员会

主　委： 朱　弘

副主委： 吴赛阳(女)　李　健　孙　峰(女)　刘　楷

秘书长： 张秋萍(女)

普陀区委员会

主　委： 景　莹(女)

副主委： 董正宇　王绍博

虹口区委员会

主　委： 高庆迁

副主委： 郑恒武　邓亚新(女)　翟淑华(女)

秘书长： 狄洁姗(女)

宝山区委员会

主　委： 李小年(女)

副主委： 王普祥　方玉明

秘书长： 沈勇民

金山区委员会

主　委： 陶励强

副主委： 鲍晓荣　殷伯贤

秘书长： 童天中

嘉定区委员会

主　委： 夏以群(女)

副主委： 李向东　孙　武(专)

秘书长： 孙　武(兼)

浦东新区委员会

主　委： 徐大振

副主委： 刘庆华　韩海斌　何大军　王　洵

秘书长： 李家玲(女)

松江区委员会

主　委： 杨怀志

副主委： 孔庆健

秘书长： 胡　斌

青浦区委员会

主　委： 朱国健

副主委： 阮凯基　杨建中

秘书长： 袁永坤

奉贤区委员会

主　委： 张开明

副主委： 曹　挺　杨　明

江苏省第七届委员会

主　委： 许仲梓

副主委： 叶　勇　钱海鑫　罗立民　高　抒　段　雄
杨湘宁　李　奇　程　红(女)

秘书长： 冯蜀陉(女　专)

南京市委员会

主　委： 李　奇

副主委： 蒯建华　林　林(女)　杨明华(女)　徐　祥

秘书长： 蒯建华(兼)

无锡市委员会

主　委： 程　红(女)

副主委： 陈正行　任克奇　唐　红(女)　陈凤军

秘书长： 任克奇(兼)

江阴市委员会

主　委： 喻伟力

副主委： 王建强　龚　珊　杨　雷

秘书长： 韩琴敏(女)

徐州市委员会

主　委： 隋旺华

副主委： 周廷振　黄　杰　江　南(女)　赵　强

秘书长： 周廷振(兼)

常州市委员会

主　委： 朱晓敏

副主委： 杜　强　俞　申　江　冰(女)

秘书长： 俞　申(兼)

苏州市委员会

主　委： 钱海鑫

副主委： 张菊娥(女)　戴　洁　邱学林　祝荣华

秘书长： 唐国强

南通市委员会

主　委： 尹建炉

副主委： 程　翔(女)　陈伯森　吴建国　季　平

秘书长： 陈翌冬（女)

连云港市委员会

主　委： 徐大勇

副主委： 董一洪　孟尔旺　陈晓平

秘书长： 鲁莲丽(女)

淮安市委员会

主　委： 李　冰

副主委： 吴昌新　陈伏涛　王　樱（女）　张德顺
秘书长： 陈伏涛（兼）

盐城市委员会

主　委： 陈还堂
副主委： 王启满　刘秋凤（女）　王东升
秘书长： 王启满（兼）

扬州市委员会

主　委： 孙怀昌
副主委： 余海鹏　钟思瑛（女）　刘　文（女）　田志明
秘书长： 刘　文（女　兼）

镇江市委员会

主　委： 王贵成
副主委： 陈沛华（女）　钱伯安　施卫东　祝中昊
秘书长： 钱伯安（兼）

泰州市委员会

主　委： 潘林元
副主委： 俞新农　洪　澄　徐晓芳（女）　卞新峰
秘书长： 魏友圣

宿迁市委员会

主　委： 武　倩（女）

副主委： 张　旭（女）　陆红梅（女）

秘书长： 侍孝杰

浙江省第七届委员会

主　委： 姒健敏

副主委： 朱祖德　叶　真　盛颂恩　叶烈窑（女　专）
罗卫红（女）　李有泉　郑　瑜

秘书长： 马永信（专）

杭州市委员会

主　委： 朱祖德（专）

副主委： 刘秋敏　杨金南（专）　崔新明　楼玉宇（女）
何黎明

秘书长： 吴松杰（女　专）

宁波市委员会

主　委： 郑　瑜（专）

副主委： 周其东（专）　王梅珍（女）　黄求理　周海宁（女）
鲍吉龙（男）

秘书长： 俞珍芬（女　专）

温州市委员会

主　委： 黄兆鸽（专）

副主委： 周健民　黄少铭　胡扬五

嘉兴市委员会

主　委： 马玉华（专）

副主委： 刘稚红（女）　陈天荣　徐谟光（专）　孔　俭

秘书长： 徐谟光（兼）

湖州市委员会

主　委： 高　东

副主委： 陈　洁（女　专）　潘宇文（女）　李　节　姚耀涛

秘书长： 黄蕴红（女）

绍兴市委员会

主　委： 丁晓燕（女）

副主委： 翁培雄（专）　张宪疆　鞠丽霞（女）　阎晓勤（女）

秘书长： 翁培雄（兼）

金华市委员会

主　委： 张跃进　郑祥福　成晓波（专）　陆献龙　钱毓峰

秘书长： 刘桂英（女）

衢州市委员会

主　委： 汪惠芳（女）

副主委： 蔡东平　周永清　周渭泉（专）

秘书长： 郑爱萍（女）

台州市委员会

主　委： 张蕴华(女　专)

副主委： 王敏霞(女)　蒋斌芳(女)　江建军　林咸熙(专)　王志英

秘书长： 赵长江

舟山市委员会

主　委： 张昌义

副主委： 余华安　杨莺莺(女　专)

秘书长： 杨莺莺(女　兼)

丽水市委员会

主　委： 韦铁民

副主委： 雷后兴　张向东(专)　张颖洁(女)

秘书长： 王子进

瑞安市委员会

主　委：方小梅

副主委：马聪良　韩丽华　张顺开

秘书长：陈　健

苍南县委会

主　委： 王宗泽

副主委： 冯兴钱　何国祥　李　芳　朱植丰

秘书长： 朱植丰

椒江区委会

主　委： 王志英

副主委： 杨林军　余　飙　朱瑛瑛　杨海霞

秘书长： 张卫阳

临海市委会

主　委： 冯彩银

副主委： 龚朝晖　李建华　徐小凯

秘书长： 何美丽

莲都区委会

主　委： 林玉美

副主委： 瞿宗囡

秘书长： 瞿宗囡

义乌市委会

主　委： 丁光海

副主委： 吴中兴　黄武宁　李慧玲

秘书长： 宋大桥

兰溪市委会

主　委： 陆献龙

副主委： 陈冬红　刘旭东　严赛虹

秘书长： 章　宏

安徽省第十届委员会

主　委： 赵　韩

副主委： 胡安美(女)　蔡建平　陈乾旺　潘建伟

李益湘　　檀　莉(女　专)

合肥市委员会

主　委： 陈　栋

副主委： 孔祥云(女)　许桂宝　何庆瑞　刘进竹(专)

丁爱农(女)　夏　越(女)

秘书长： 范恒碧(专)

蚌埠市委员会

主　委： 苏学云(女　专)

副主委： 胡兆球　郭宛京　陈忠卫

淮南市委员会

主　委： 方　严

副主委： 梁　星　张文凤(女)　宋　梅(女　专)

宿州市委员会

主　委： 王克金

副主委： 宋天祥　尤计富　张安文(专)
秘书长： 梁　刚

淮北市委员会

主　委： 王莉莉(女)
副主委： 李　敏(女　专)　陈忠新
秘书长： 方永干

马鞍山市委员会

主　委： 圣　国
副主委： 袁　敏(女　专)　储向峰
秘书长： 袁　敏(女　兼)

芜湖市委员会

主　委： 詹云超
副主委： 方云霞(女　专)　郑筱妍(女)

铜陵市委员会

主　委： 胡安美(女)
副主委： 徐何来　吴　强
秘书长： 谢　珏(女　专)

黄山市委员会

主　委： 顾家雯(女　专)

副主委： 程　敏　　吴灵强

安庆市委员会

主　委： 胡万宝

副主委： 卞宜心(女)　郑长青(专)

秘书长： 赵　立(专)

滁州市委员会

主　委： 周　军(专)

副主委： 陈金伦

秘书长： 杜华劲

六安市委员会

主　委： 杨传友

副主委： 宋　军　　王　耕

亳州市委员会

主　委： 徐景龙

副主委： 刘云飞(专)　臧艳丽(女)

福建省第七届委员会

主　委： 洪捷序

副主委： 黄培强　林绍彬　李子林(专)　吴小颖
赵　静(女)　陈美琼(女)　马祥庆

秘书长： 李子林(兼)

福州市委员会

主　委： 林绍彬

副主委： 吴　茗(专)　陈向群　侯爱平(女)　吴　强
戴　黎

秘书长： 罗　枫(女　专)

厦门市委员会

主　委： 黄培强

副主委： 陈宗团　林金水(专)　刘家俊　张玉生
杨　槐

秘书长： 林金水(兼)

漳州市委员会

主　委： 赵静(女)

副主委： 许才发(专)　曹　阳(女)　杨丽阳

秘书长： 许才发(兼)

泉州市委员会

主　委： 王祖耀

副主委： 杨锦凉　黄　刚　李长江(专)
张认成　王诗榕　林专红(女)

荣誉主委： 万嘉铸

顾　问： 高华根　杜成维　陈丽煌　陈安玲（女）
李秀墩（女）　何松林

三明市委员会

主　委： 朱一勤

副主委： 张惠平（女）　李奇勇　郑季武（专）　邱华英（女）

莆田市委员会

主　委： 王玉芳（女）

副主委： 陈绵献　刘丽红（女）　蔡国萍（女）
黄秀姐（女　专）　周秋泉

秘书长： 黄秀姐（女　兼）

南平市委员会

主　委： 陈美琼（女）

副主委： 黄亚惠（女）　黄益江　张水顺（专）　徐尚华

龙岩市委员会

主　委： 李新春

副主委： 温　永　吴小玲（女）　邱笑琴（女）　郭厚祥（专）

秘书长： 郭厚祥（兼）

宁德市委员会筹备组

组　长： 陈荣冰

成　员： 蔡晓烽（女）　刘泽敏　陈祖平　彭　彪
　　　　　雷　莹（女）　孙飞汉

长乐市委员会

主　委： 郑汶辉

副主委： 李　岩　林尔东　陈晓云（女）

秘书长： 邱志贤

福清市委员会

主　委： 陈向群

副主委： 唐小孳　陈永青　吴章明　陈在生　陈　敏

江西省第七届委员会

主　委： 李华栋

副主委： 洪三国　栾　波（专）　李广振　张玉清　辛洪波

秘书长： 肖礼庆（专）

南昌市委员会

主　委： 李广振

副主委： 李万汲　刘强华　谢保成（专）　王文军

九江市委员会

主　委： 纪岗昌

副主委： 胡　帆（专）　廖　亮　杨初喜欢　罗　云

鹰潭市委员会

主　委： 徐文艺

副主委： 桂　平　舒忠东　葛　菁(专)

秘书长： 葛　菁

景德镇市委员会

主　委： 李金有

副主委： 余　勇　李　锋　汪小平　于长征(专)

秘书长： 刘　萍

吉安市委员会

主　委： 韩晓方

副主委： 刘玉兰(专)　刘　勍　周　密　康万明

秘书长： 刘玉兰

新余市委员会

主　委： 刘超杰

副主委： 邱生平　何　春　吴清云(专)

赣州市委员会

主　委： 钟健生

副主委： 侯乐峰　谢衍忆　钟友华(专)

秘书长： 李　荣

宜春市委员会

主　委： 梅光泉

副主委： 胡斋水　杨永俊　张　晶（专）　黄桂生

秘书长： 张子文

抚州市委员会

主　委： 黄日强

副主委： 郑荣钦（专）　王　勇　唐永文

萍乡市工作委员会

主　委： 李　勇

副主委： 周艳琴　曾　新　吴光勇（专）

上饶市工作委员会

主　委： 王　建

副主委： 祝美清　盛世明　樊桂芳（专）

秘书长： 杨晓莉

山东省第六届委员会

主　委： 王随莲（女）

副主委： 解士杰　宋传杰　王　琳（女）　邵峰晶（女）
王志玉（专）　刘梦海

秘书长： 林寿先（专）

济南市委员会

主　委：刘梦海

副主委：李景全　田　洁（女）　牟国营　陈宁宁（女　专）
　　　　侯建国

秘书长：陈宁宁（兼）

青岛市委员会

主　委：邵峰晶（女）

副主委：林　萍（女　专）　董　蒨　赵铁军

秘书长：武建平

烟台市委员会

主　委：温金祥

副主委：邹志强　于党辰（专）　梁启华

秘书长：张桂德

淄博市委员会

主　委：王济众（专）

副主委：孟　强　闸建文　张新清　魏会东

秘书长：刘　双（女）

泰安市委员会

主　委：刘　君

副主委：孟庆伟　孙启凯　刘　峰　诸葛玉平

秘书长：孙德常

枣庄市委员会

主　委： 傅廷安

副主委： 薛宝政　张德琦　姜爱英（女　专）　孙友华
林　捷（女）

秘书长： 姜爱英（兼）

济宁市委员会

主　委： 殷允岭

副主委： 吕爱玲（女）　赵　斌　刘要武（专）　杨冬林
李长华（女）

秘书长： 李洪海

潍坊市委员会

主　委： 李士来

副主委： 梁文道　郭文君　单庆茂

秘书长： 任惠卿（女）

德州市委员会

主　委： 钟　玲（女）

副主委： 田正祥　李和平（女）　郭天德　张兰菊（女）

秘书长： 戴连强

临沂市委员会

主　委： 赵爱华（女）

副主委： 邸宝成　薛锋儒（专）　孙敬忠

秘书长： 薛锋儒（兼）

聊城市委员会

主　委： 潘延红(女)

副主委： 邹胜鲁　刘继光　黄　勇

秘书长： 周保松

东营市委员会

主　委： 温晓杰(女)

副主委： 徐冬梅(女)　刘志坚　董春梅(女)　张红玲(女)

日照市委员会

主　委： 董全宏

副主委： 李宜周　赵　琦(女　专)

秘书长： 赵　琦(兼)

滨州市委员会

主　委： 曹玉斌

副主委： 刁万祥

秘书长： 孙淑芹(女)

菏泽市委员会

主　委： 侯　婕(女)

副主委： 王庆英(女)　张传新

威海市委员会

主　委：　贾国哲(专)

副主委：　高孝忠　崔胜民

秘书长：　曲　兴

曲阜市委员会

主　委：　褚福梅(女)

副主委：　魏修华　张新忠　马　军

秘书长：　张新忠

河南省第七届委员会

主　委：　张亚忠

副主委：　孙运锋(常务)　戚建庄　舒安娜(女)　王云龙
　　　　　杨书廷　高继海　陈志民(专)

郑州市委员会

主　委：　舒安娜(女)

副主委：　郑高飞(专)　王秀霞(女)　李　琳
　　　　　刘崇怀　李秋红(女)

秘书长：　郑高飞(兼)

开封市委员会

主　委：　高继海

副主委： 李俊霞（女　专）　崔长江　虎　华（女）

洛阳市委员会

主　委： 肖宏滨

副主委： 郭玲娟（女）　高　明（专）

平顶山市委员会

主　委： 张电子

副主委： 贾世坤　王进英（女）　兰　菊（女　专）　孙大为

安阳市委员会

主　委： 刘建发

副主委： 秦国斌　吕文霞（女　专）　吴聪明

鹤壁市委员会

主　委： 董撵群

副主委： 李廷林　王献民（专）

秘书长： 苏海玲（女）

新乡市委员会

主　委： 杨书廷

副主委： 魏崇一（女）　宋惠清（女　专）　朱金富

秘书长： 宋惠清（兼）

焦作市委员会

主　委： 张动天

副主委： 孙菊梅（女）　刘学锋（专）　王丽娟（女）

濮阳市委员会

主　委： 刘国相

副主委： 姬生强　魏淑玲（女　专）　张士杰

秘书长： 赵学锋

漯河市委员会

主　委： 焦红艳（女）

副主委： 董青慧（女　专）

三门峡市委员会

主　委： 姚　龙

副主委： 杭海龙　李发军

秘书长： 楼晓红

南阳市委员会

主　委： 胡保珍（女）

副主委： 宗香勤（女）　艾春平（女　专）

秘书长： 赵　凡

商丘市委员会

主　委： 崔道山

副主委： 郭保国　徐新华

秘书长： 张春华(女)

信阳市委员会

主　委： 熊静香(女)

副主委： 邬长安　何厚谦　张明龙(专)

秘书长： 李　华(女)

湖北省第六届委员会

主　委： 田玉科(女)

副主委： 陈　锋　蔡耀军　李　坦(专)　郭粤梅(女)
欧阳建平　焦跃华　张华容

秘书长： 李　坦(兼)

武汉市委会

主任委员： 郭粤梅(女)

副主委： 陈奎生　梁　鸣　郭刚艳(女)　丁顺清
黄萍萍(女　专)　潘　涛

秘书长： 孟　棣

黄石市委会

主　委： 应楚洲

副主委： 汪桂萍(女)　胡松林　陈国唤

襄阳市委会

主　委： 罗琼玖(女)

副主委： 郭声波　海光辉　郭洪启(专)　袁永红

十堰市委会

主　委： 张　志

副主委： 邓开贵　崔永秀(女)　耿　梅(女)

荆州市委会

主　委： 段昌奉

副主委： 邹世平　汪舜阶(专)　金卫斌

宜昌市委会

主　委： 李德才

副主委： 王　岐　吴姗姗(女)　卢以品(女)

秘书长： 邵　卫(女)

荆门市委会

主　委： 李　珩(女)

副主委： 张贵平　陆劲松　周平林

鄂州市委会

主　委： 吴　坚(女)

副主委： 文　明　李　全　李彩霞(女　专)

潜江市委会

主　委： 赵良栋

副主委： 郭　平　雷春鸣　刘世平

湖南省第七届委员会

主　委： 张大方

副主委： 王仁祥(专)　吴金明　张　健　崔玉芳(女)
李云才　何彬生

长沙市委员会

主　委： 王力力

副主委： 刘有良(女　专)　匡利娥(女)　汤建尧　邓立新

秘书长： 刘有良(女)

名誉主委： 费岳峰

株洲市委员会

主　委： 张国浩

副主委： 肖运平(专)　邓群(女)　路向阳　李文亮

秘书长： 肖运平(兼)

荣誉主委： 萧玉麟　邱丽萍(女)

湘潭市委员会

主　委： 郭源君

副主委： 张晋安（专）　陈国旺　陈赤平　朱修林
秘书长： 张晋安（兼）

岳阳市委员会

主　委： 李　平
副主委： 郭跃平（女　专）　黄二良　付　萍（女）

常德市委员会

主　委： 朱传宏
副主委： 龙　艳（女　专）　肖江华　呙滨辰
秘书长： 龙　艳（兼）

衡阳市委员会

主　委： 苏　营
副主委： 谢　芳（女　专）　龚学余　王桂田（女）　唐林生
秘书长： 谢　芳（女）

郴州市委员会

主　委： 潘执坤
副主委： 曹世香（女　专）　李波勇
秘书长： 曹世香（女）

益阳市委员会

主　委： 曾水平

副主委： 蔡剑文（专） 彭建军（女）
秘书长： 谢凤鸣

邵阳市委员会
主　委： 晏丽君（女）
副主委： 潘先伟（专） 姚志钢 肖擎刚 欧阳山城
秘书长： 聂小平

怀化市委员会
主　委： 申小青
副主委： 韩晓波（女） 黄　勇 丁金平（女　专）
秘书长： 丁金平（女　兼）

娄底市委员会
主　委： 刘继清
副主委： 钱局新（女） 申立新 石潇纯（女） 梁卫平（专）
秘书长： 梁卫平

张家界市委员会
主　委： 罗金铭
副主委： 杜亚填 谢军山 雷明盛
秘书长： 王雅晖（女）

冷水江市委员会
主　委： 陈锡平

副主委： 雷红旗　雷果新　姜桂兰(女)
秘书长： 姜桂兰(女)

娄星区委员会

主　委： 戴建民
副主委： 肖海舟　王剑红　李亚军
秘书长： 肖海舟

广东省第七届委员会

主　委： 姚志彬
副主委： 陈　敏(女)　温　洋(专)　顾也力
魏德敏(女)　王　东　宋尔卫　陈利浩
秘书长： 黄惊雷(专)

广州市委员会

主　委： 王　东
副主委： 林沛勋(专)　王桂林　吴茂珠(女)　郑劲平
秘书长： 刘素燕 (女　专)

深圳市委员会

主　委： 蒋宇扬
副主委： 贺安兰(女　专)　万金宝　陈　实　聂国辉

珠海市委员会

主　委： 熊豪品

副主委： 贺　军　邹帅洲(女)　陈　滨(专)
秘书长： 陈　滨(兼)

汕头市委员会

主　委： 罗文鸿
副主委： 王伟忠　杨忠强　曾牡甘(女　专)

佛山市委员会

主　委： 徐海祥
副主委： 李景明(专)　胡充寒　章成国
秘书长： 李景明(兼)

湛江市委员会

主　委： 欧先伟
副主委： 莫小华　邵乐喜　银　昌　杨志雄
秘书长： 李兆斌

韶关市委员会

主　委： 兰　茵(女)
副主委： 罗元月　成绍强　姜向东(女)
秘书长： 谢　勇(专)

惠州市委员会

主　委： 许玩宏

副主委： 于加良　桂　勤（女）　刘亚红（女　专）
许汉标

秘书长： 刘亚红（女　兼）

肇庆市委员会

主　委： 陈玉斌

副主委： 刘玉勋　陈宣群（女）　班荣鼎

秘书长： 郑智敏（女　专）

中山市委员会

主　委： 吴月霞（女）

副主委： 蔡健清　章美锦（女　专）

东莞市委员会

主　委： 吕　兢

副主委： 王旭珍　何镜清　周爱军

江门市委员会

主　委： 吴国杰

副主委： 王　义　李　全　陈瑞香（女　专）

梅州市委员会

主　委： 彭广福

副主委： 薛兴冰　邹国铮　宋　越

秘书长： 唐红娟（女　专）

阳江市委员会

主　委： 陈芝岳

副主委： 叶永周　陈　进

茂名市委员会

主　委： 崔锡明

副主委： 黄　权　吕卫华

广西壮族自治区第六届委员会

主　委： 李　彬（专）

副主委： 戴红兵　温其辉　周锰珍（女）　廖　坚
葛春启（专）

秘书长： 葛春启（兼）

南宁市委员会

主　委： 梁　鸿

副主委： 蔡海潮　汤　卓（女）　廖建山（专）

秘书长： 邓　华

桂林市委员会

主　委： 顾正飞

副主委： 蒋治良　谭永源　李洁维（女）　卢全喜（专）

秘书长： 赖慧云（女）

柳州市委员会

主　委： 温其辉

副主委： 张　明　郭　荣　韦秋利（专）　蒋俏玲（女）

梧州市委员会

主　委： 李桂珍（女）

副主委： 练　莲（女　专）　曹垂龙　覃汝胜　卢　莹（女）

秘书长： 练　莲（兼）

北海市委员会

主　委： 杨志远

副主委： 朱其明　唐　平　李光亮

秘书长： 余晓寒（女）

钦州市委员会

主　委： 刘　燕（女）

副主委： 刘星毅（专）　陈正理　刘　毅　沈　平

秘书长： 刘星毅（兼）

玉林市委员会

主　委： 黄德征

副主委： 谭　勇（专）　张　驰（女）　吴家林　林　霞（女）

秘书长： 刘　勋

贺州市委员会

主　委： 黄文炎

副主委： 李光森（专）　黎永忠

秘书长： 李光森（兼）

来宾市筹委会

主　委： 韦文智

副主委： 张　蕾（女）

海南省第六届委员会

主　委： 王宇田

副主委： 周耀柒（专）　颜家安　李柏青　过建春（女）
韩长日　覃碧霞（女）

秘书长： 龚沛星（女　专）

海口市委员会

主　委： 覃碧霞（女）

副主委： 林银燕（女　专）　王俊刚　黄　健　顾建中

三亚市委员会

主　委： 曹　兵

副主委： 董永泉　谭文蔚（女）　王益斌

重庆市第四届委员会

主　委： 谢小军

副主委： 潘复生　陈义华　屈　谦　黄爱龙　刘云艳（女）
杨开奎（专）　杨　丹　余国东

北碚区委员会

主　委： 王　佳

副主委： 李　航　冯小琴　张　力　胡一珊（女　专）　曹　建

沙坪坝区委员会

主　委： 郭劲松

副主委： 田　耕　夏　惠（女　专）　郭　钢　郭科社　贺　一

九龙坡区委员会

主　委： 张大为

副主委： 刘静涛（女　专）　周宗凯　林治华　高光勇

万州区委员会

主　委： 张国建

副主委： 王代龙　邓元明　李　勇　谭　宁
涂海波（专）

秘书长： 涂海波（兼）

涪陵区委员会

主　委： 黄　华

副主委： 黄　为　于　华　李云庆（专）　何泽富　张　宇

南岸区区委员会

主　委： 李　伟

副主委： 陈晓麟（女）　陈洪凯　谢雪梅（女　专）　蔡应繁　文传浩

渝中区委员会

主　委： 杨　竹（女）

副主委： 孙晓川　李　昱（女）　汪　源　王晓莉（女　专）　罗华艳（女）

黔江区委员会

主　委： 郭晓燕（女）

副主委： 曾致远　周春林（专）　余恒璋　代　宗

渝北区委员会

主　委： 尹书菊（女）

副主委： 李攀富（女）　陈雪峰　袁　野（专）

永川区委员会

主　委： 余国东

副主委： 张前勇　徐　泽(女)　金富鹏　黄　勇(专)

綦江区委员会

主　委： 雷瑞宏

副主委： 胡生全　马泽勋　何兴玲(女)　周　全

大渡口区委员会

主　委： 毛　伟

副主委： 柳卫东(专)　张群力　刘伟廷

长寿区工作委员会

主　委： 涂奇微

副主委： 陈正江　李春华　董长明

合川区工作委员会

主　委： 周作平

副主委： 彭　宁　朱祎杉　王晓燕(女　专)　胡伟平

江北区工作委员会

主　委： 周　勇

副主委： 周令国　陈　悦(女)　夏　敏(女)

四川省第七届委员会

主　委： 黄润秋

副主委： 王　瑜　戴晓雁　沈光明　罗懋康　刘建军　多央娜姆(女)　刘建明　魏学峰

秘书长： 刘　虹(专)

成都市委员会

主　委： 戴晓雁

副主委： 多央娜姆(女)　张钟庆　刘智慧　王绪本　李柏林　张　平(女　专)　谢慧琪(女)

秘书长： 张　平(兼)

攀枝花市委员会

主　委： 刘建明

副主委： 李桂军　唐超雄　肖鹏举　吴　雨(女　专)

秘书长： 吴　雨(兼)

南充市委员会

主　委： 王翠花(女)

副主委： 李明东　郑剑波(专)　周仲辉　何　平

秘书长： 杨　健(女)

内江市委员会

主　委： 张崇国

副主委： 万　炼　李　兰(女)　林海亮

秘书长： 邹兰斌

德阳市委员会

主　委： 汪国华

副主委： 史兴强（专）　焦道旗

秘书长： 江　虹（女）

自贡市委员会

主　委： 罗毅平

副主委： 傅成华　罗天蔚（女）　杨俊村（专）
陈张铭

秘书长： 肖　堃

泸州市委员会

主　委： 李作孝

副主委： 甘立祥（专）　刘先赋　张新利

秘书长： 吴　源（女）

绵阳市委员会

主　委： 王　瑜

副主委： 刘国学　凌　云（女）　尚丽平（女）

秘书长： 曾德军

乐山市委员会

主　委： 张旭东

副主委： 刘　忠　谢建平　叶苏扬(女)　李晓云(女)
秘书长： 谢建平(兼)

凉山州委员会

主　委： 熊仿秋(女)
副主委： 柴豫蓉(女)　张林祥　林建华　徐嘉莉(女)
秘书长： 王明雯(女　彝族)

宜宾市委员会

主　委： 严晋川
副主委： 陈厚生　谭　飞　覃凤清(女)
秘书长： 罗红梅(女)

广元市委员会

主　委： 何成礼
副主委： 赖翠兰(女)　李仔贵　谭守彬　张淙钧
秘书长：

资阳市委员会

主　委： 刘廷安
副主委： 钟　明　丁吉俐　罗文利(女)
秘书长： 严光孝

眉山市筹委会

主　委： 陈东翔

副主委： 王莉茹（女） 赖崇华（女） 皮瑞钢

贵州省第七届委员会

主　委： 黄宗洪

副主委： 邱树毅 李建阳 谭　红（女） 姜刚杰
张伟云（女） 郑国旗

秘书长： 李　梓（女）

贵阳市委员会

主　委： 龙永平（女）

副主委： 肖　赤 沈　虹 田茂书（女）

秘书长： 殷　华（女）

遵义市委员会

主　委： 曹建林

副主委： 王　刚 葛正龙 胡　琼（女）

六盘水市委员会

主　委： 张俊昌

副主委： 普兆敏（女　彝族） 刘洪章 卢　瑶（女） 陈声波

安顺市委员会

主　委： 贺未泓

副主委： 杨筱珊（女） 洪 涛 艾 勇 陈兴华（女）

黔南州委员会

主 委： 李 强

副主委： 吴大鸿（苗族） 周天福 邓 海

毕节市委员会

主 委： 谢定敏（女）

副主委： 赵祖禹 李建荣（女） 胡晓苏（女） 宋 毅

铜仁市委员会

主 委： 杨同光

副主委： 王 飏 李胜君 廖延林 代 鸣

都匀市委员会

主 委： 周天福

副主委： 许进仪 宋 萍（女） 黄晓莉（女）

云南省第七届委员会

主 委： 曾 华

副主委： 周浙昆 周 勇（专） 李学林 常 敏
解丽平（女） 王云月（女）

秘书长： 牟宝恒（专）

昆明市委员会

主　委： 常　敏

专职副主委： 暂时空缺

副主委： 陈增会　倪　淼　秦亚洁（女）

秘书长： 王云伟（女）

红河州委员会（今年年底即将换届）

主　委： 张　玲（女）

专职副主委： 肖智洲（女）

副主委： 顾鹤林　谢宏明

秘书长： 肖智洲（女）

曲靖市委员会

主　委： 陈吉书

专职副主委： 马艳春（女）

副主委： 黄　红

玉溪市委员会

主　委： 郭亚钢

专职副主委： 王美华（女）

副主委： 杨硕媛（女）　王树坤

秘书长： 杨立波

大理州委员会

主　委：　白　丽

专职副主委：　杨增铭

副主委：　沈惠芬(女)　关兆德

秘书长：　陈冬梅(女)

保山市委员会

主　委：　文　艳(女)

专职副主委：　董应全

副主委：　康洪灿　李建江

秘书长：　董应全

楚雄州委员会

主　委：　韦　薇(女)

专职副主委：　苏　梅(女)

副主委：　聂宗林

秘书长：　李　辉

昭通市工委会

主　委：　梅廷林

副主委：　方　苹(女)　江　飞

临沧市委员会筹备组

组　长：　曾庭菊(女)

副组长： 常　鸿　杨宝康

丽江市委员会筹备组

组　长： 和正康

副组长： 张洪波(女)

个旧市委员会

主　委： 顾鹤林

专职副主委： 顾　萍(女)

副主委： 黄　勇　张媛华(女)　郭　炜

陕西省第十二届委员会

主　委： 周卫健(女)

副主委： 李佐成　许春霞(女)　赵东科　奚耕思(女)
高　勇　赵力强(专)

秘书长： 高　辉(专)

西安市委员会

主　委： 李佐成

副主委： 王晓萍(女)　任睿娥(女)　田增辉(专)
张春莹(女)　赵玉涛

秘书长： 封　蒨

宝鸡市委员会

主　委： 王虎贤

副主委： 赵宗林（专）　车　爽（女）　孙　炜

秘书长： 李晓敏

咸阳市委员会

主　委： 邢玉瑞

副主委： 张红梅（女　专）　王伟平

秘书长： 王献民

汉中市委员会

主　委： 李　钧

副主委： 张社进　李金龙

秘书长： 安　翔（女）

汉中市汉台区委员会

主　委： 张社进

副主委： 蒋宏伟　张　媛（女）

秘书长： 王　丽（女）

渭南市委员会

主　委： 胡会维（女）

副主委： 张敏凤（女　专）　王明侠（女）

秘书长： 张　力

渭南市临渭区委员会

主　委： 秦焕荣

副主委： 陈红艳

榆林市委员会

主　委： 苏世强（女）

副主委： 李治清　马小莉（女）

秘书长： 马小莉（女　兼）

杨凌区工作委员会：

主　委： 王忠贤

副主委： 姜志德　吉万全

甘肃省第七届委员会

主　委： 刘晓梅（女　专）

副主委： 屈建军　陈兴冲　戈银生　张耀南　王志平
张鸣实（专）

秘书长： 万代红（女　专）

名誉主委： 李正才

名誉副主委： 张令玥

兰州市委员会

主　委： 戈银生

副主委： 谢　伟　梁剑平　牛铮超　李永军
秘书长： 赵俊良(专)

天水市委员会

主　委： 杨建新
副主委： 韦利民　王正威　张海洲　丁迟成(专)
副秘书长： 张卫安(专)

白银市委员会

主　委： 吴　震
副主委： 刘鹏江(专)　肖进银　于　玫(女)　孟作龙
秘书长： 王晓鹏(女　专)

嘉峪关市委员会

主　委： 冯　彪
副主委： 李小姣　贾　晔　闫小文

酒泉市委员会

主　委： 殷　忠
副主委： 董万泉(专)　马德敏(女)　张晓晨　吴延军
李宗良
秘书长： 章福成(专)

张掖市委员会

主　委： 张鸣实

副主委： 王　洁（女）　马振亚　韩晓龙
秘书长： 赵国柱（专）

金昌市委员会

主　委： 董建华
副主委： 孙桂芬（女）　冯汉颋　富多军（专）
秘书长： 富多军（专）

武威市委员会

主　委： 陈荣贤
副主委： 李万年　魏玉杰
秘书长： 李海洋（女　专）

酒泉肃州区委员会

主　委： 吴延军
副主委： 郭秀荣（女）　马　燕（女　专）
秘书长： 马　燕（女）

酒泉敦煌市委员会

主　委： 殷　忠
副主委： 王三吉　马宗平　孙志军　杨海芹
秘书长： 苏　岩

武威凉州区委员会

主　委： 杨百泉

副主委： 范红梅（女） 罗彩虹（女）

张掖甘州区委员会

主　委： 王　洁（女）

副主委： 李　福　张国斌

甘肃安定区委员会

主　委： 雷成多

副主委： 曹志东　梁振强　杨赛红　董书昌　王亚珠

青海省第七届委员会

主　委： 杜德志

副主委： 查保娅（女） 朱春云（女　专） 邓晓辉
樊俊昌

副秘书长： 魏世录

西宁市委员会

主　委： 查保娅（女）

副主委： 裴改花（女　专　回族） 何　军

秘书长： 张铁军

宁夏回族自治区第五届委员会

主　委： 马秀珍（女　专）

副主委： 王大陆（专） 霍健明　马丽岩（女）

秘书长： 相卫国（专）

银川市委会

主　委： 马丽岩（女）

副主委： 李继跃（女　专）　张玉堂　陶卫国

秘书长： 李继跃（兼）

石嘴山市委会

主　委： 田炜宁（专）

副主委： 李元俊　任自彦（专）

秘书长： 杨云霞（女）

吴忠市委会

主　委： 买晓燕（女　专）

副主委： 王伟杰

秘书长： 马灵琴（女）

固原市委会

主　委： 杨世宏（专）

副主委： 朱进国　祁国海

秘书长： 杨世宏（兼）

新疆维吾尔自治区第六届委员会

主　委： 贾殿赠

副主委： 韩慎贵　李安民（专）　白　鸥（女）

乌鲁木齐市委员会

主　委： 肖　虎

副主委： 孔德云（女）　丁桂凤（女）　赵新元

石河子市委员会

主　委： 史晨辉

副主委： 吕忠良　杨百京　韩卫民（女）

昌吉市筹委会

主　委： 马　玉（女）

副主委： 丁　璐（女）　吕建忠

九三学社中央机关通讯录

地址、邮编、网址

地　址:北京市海淀区万柳万泉新新家园 14 号

邮　编:100089

网　址:http://www.93.gov.cn

秘书长:印　红(兼)

电　话:010 - 82553003

副秘书长:赵　勇

电　话:010 - 82553009

办公厅

主　任:苟红旗

副主任:石　勇　刘建华

副巡视员:姜开源

电　话:010 - 82552001　010 - 82552002(传真)

电子信箱:bgt@93.gov.cn

组织部

部　长:杨　玲

电　话:010－82553634　010－82553017(传真)

电子信箱:zwww93@126.com

宣传部

部　长:穆建民

巡视员:彭官章　孙伟林

副巡视员:戴　红

电　话:010－82553628　010－82553017(传真)

电子信箱:xcb@93.gov.cn

社会服务部

部　长:徐国权

副部长:王金茹

电　话:010－82553527　010－82553017(传真)

电子信箱:swww93@126.com

参政议政部

部　长:赵　勇(兼)

副部长:王元丰

副巡视员:张　瑛

电　话:010－82553629　010－82553017(传真)

电子信箱:czyzb@93.gov.cn

研究室

主　任:郭　悦

电　话:010 - 82553669　010 - 82553017(传真)

电子信箱:yjs@93.gov.cn

中央直属单位通讯录

民主与科学杂志社

地　址:北京市朝阳区鼎成路 9 号世纪宝鼎 A 座
邮　编:100101
电　话:主　编 010 - 84899209　010 - 82553021
编辑部 010 - 84899122 - 8003,8004,8005,8006
发行部 010 - 84899122 - 8007
办公室 010 - 84899122 - 8009,8001(传真)
主　编:孙伟林

学苑出版社

地　址:北京市丰台区南方庄 2 号院 1 号楼
邮　编:100079
电　话:010 - 67603091　010 - 67608487
社　长:孟　白

北京九三王选关怀基金会

地　址:北京市海淀区万柳万泉新新家园 14 号 309 室

邮　编:100089

电　话:010 - 82222317

秘书长:方　炎

副秘书长:赵　鑫

周培源基金会

地　址:北京市朝阳区北辰东路 8 号汇园公寓 J 座 719 室

邮　编:100101

电　话:010 - 84985729

秘书长:周如苹

九三学社各地方组织通讯录

名称	地址(邮编)	联系电话、传真	网址、电子信箱
北京市委	**北京市西城区后英房胡同9号(100035)**	**010 - 8221536** **010 - 82218537(f)**	**www.bj93.gov.cn**
办公室		010 - 82218536 010 - 82218537(f)	93wl@163.com
参政议政部		010 - 82218559 010 - 82218561(f)	zwb93@sina.com
组织部		010 - 82218557 010 - 65528906(f)	zuzhi93@sina.com
宣传研究部		010 - 82218548 010 - 82218543(f)	xch93@yeah.net
社会工作部		010 - 82218550 010 - 82218550(f)	shhgzb93@163.com
海淀区委	北京市海淀区西四环北路11号区政府第二办公区北区531室(100195)	010 - 88487526 010 - 88487524(f)	hdjs@263.com

朝阳区委	北京市朝阳区团结湖北五条朝阳区民主党派楼(100026)	010－65094935 010－65094932(f)	jiusanchaoyang@ sina. com
西城区委	北京市西城区辟才胡同宏英园 17 号楼 501 室(100032)	010－66169806	93xc@ sina. com
东城区委	北京市东城区幸福大街 32 号 319 房间(100061)	010－64023773	dongcheng93@ sina. com
丰台工委	北京市丰台区北大街 14 号乙(100071)	010－83656753 010－83656752(f)	bjft93@ yahoo. com. cn
石景山工委	北京市石景山区八角北路石景山民主党派楼(100043)	010－88927995	shjsh93@ 163. com
大兴工委	北京市大兴区清源北路 19 号北京石油化工学院(102617)	010－81292123	mayuhua@ bipt. edu. cn
昌平工委	北京市昌平区政府街 19 号区政协九三学社昌平区工委(102249)	010－98741868	zhouxh2000@ 126. com

通州工委	北京市通州区新华东街 192 号 604 房间(100101)	010-69533771	whxsky@163.com
天津市委	**天津市河西区九龙路 1 号(300204)**	**022-23286247 022-23286247(f)**	**http://www.tj93.gov.cn/ tj93bgs@163.com**
办公室		022-23286247 022-23285337 022-23286247(f)	tj93bgs@163.com
组织部		022-23287146 022-23287146(f)	tj93zzb@163.com
宣传部		022-23283462 022-23283462(f)	tj93xcb@sina.com
科教部		022-23283679 022-23283679(f)	tj93kjb@163.com
专委办		022-23283384 022-23283384(f)	tj93czyzb@163.com
调研室		022-23288447 022-23288447(f)	tj93dys@163.com
人事处		022-23289272 022-23289272(f)	tj93rsc@126.com
和平区委	天津市和平区陕西路 75 号 506 室(300020)	002-27122849 022-27122849(f)	hp93@163.com

河东区委	天津市河东区津塘路40号增15号4楼(300171)	022-24139322 022-24139322(f)	hdjs1993@126.com
河西区委	天津市河西区绍兴道7号808室(300202)	022-23278158 022-23278158(f)	tjhx93xs@126.com
河北区委	天津市河北区建国道14号(300010)	022-84493010 022-84493010(f)	tj93hbqw@126.com
南开区委	天津市南开区烈士路华安北里2-1-307(300110)	022-27585157 022-27585157(f)	nk93kdk@126.com
九三学社天津市滨海新区委员会	天津市滨海新区塘沽新港二号路35号1308室(300456)	022-65309842 022-65309841(f)	bhxq93@163.com
河北省委	**石家庄市新华路0236号(050051)**	**0311-87893452** **0311-87893452(f)**	**www.93.he.cn** **bgsh93@126.com**
办公室		0311-87884412 0311-87884412(f)	bgsh93@126.com
组织部		0311-87884243 0311-87884243(f)	heb93@126.com

宣传部(参政议政)		0311－87894456 0311－87893448 0311－87894456(f) 0311－87893448(f)	he93xcb@126.com 93lxq@21.cn.com
科技部		0311－87893452 0311－87893452(f)	heb93kj@126.com
石家庄市委	石家庄市青园街51号(050051)	0311－86059264 0311－86059264(f)	jsxs93@163.com
保定市委	保定市朝阳北大街51号(071051)	0312－3089647	bd93@sina.com
唐山市委	唐山市西山道9号(063007)	0315－2801229 0315－2829905(f)	www.tsjs.org.cn tsjiusan@sohu.com
张家口市委	张家口市桥东区东河沿街51号(075000)	0313－2018314 0313－2018314(f)	www.zjkjsxs.com zjkjshxsh@sina.com
廊坊市委	廊坊市广阳道29号建业大厦306号信箱(065000)	0316－2014116 0316－2014116(f)	lfjs2004@163.com
邯郸市委	邯郸市光明北大街64号(056002)	0310－3109351 0310－3109351(f)	hdjsxsh@126.com
秦皇岛市委	秦皇岛市迎宾路98号(066000)	0335－3639600 0335－3064210(f)	hbqhd93@163.com
邢台市委	邢台市桥西冶金南路129号(054000)	0319－2113692 0319－2113692(f)	xtjstom@163.com

承德市委	承德市小佟沟佟温二期零号楼2楼(067000)	0314－2108980 0314－2108980(f)	cd93shw@163.com
沧州市委	沧州市市场街2号人防大厦16楼(061000)	0317－5292893	jiusanxuesh@yahoo.com.cn
衡水市委	衡水市胜利东路205号(053000)	0318－2163493(f)	www.hs93.cn ajs@hs93.cn
山西省委	**太原市文源巷26号民主党派大楼八层(030001)**	**0351－4167062** **0351－4167062(f)**	**http://www.sx93.gov.cn/** **sxsv93bgs@yahoo.com.cn**
办公室		0351－4167062 0351－4167062(f)	sxsv93bgs@yahoo.com.cn sxsw－bgs@93.gov.cn
组织部		0351－4167071 0351－4167071(f)	93zhanghy@163.com sxsw.zzb@93.gov.cn
宣传部		0351－4126071 0351－4126071(f)	sxzx93@126.com
参政议政部		0351－4061176 0351－4061176(f)	Zhaokefeng93@sina.com Ma93@sina.com Sxsw－czyzb@93.gov.cn

社会服务部		0351 - 4165762 0351 - 4165762(f)	sxsw - shfwb@93.gov.cn
太原市委	太原市新建南路115号工会大厦(030001)	0351 - 3075754 0351 - 3075754(f)	http://www.93ty.com/ 93bx@sina.com
大同市委	大同市城区魏都大道5号(037006)	0352 - 2082762 0352 - 2082762(f)	sx93dt@yhoo.con.cn
朔州市委	朔州市振华西街1号市委大院政协办公大楼416房间(036001)	0349 - 5986596 0349 - 8853171(f)	szsw93@126.com
忻州市委	长征街市委北院北楼409(034000)	13835043965 13935062158	llxl0516@sina.cn wzy662158@163.com
晋中市委	晋中市榆次区汇通北路45号民警经济大厦717(030600)	0357 - 3070860	http://www.jz93.gov.cn/
阳泉市委	山西省阳泉市南大东街534#农业大厦6楼(045000)	0353 - 2163959 0353 - 2163959(f)	http://www.93sxyq.cn/
长治市委	长治市英雄中路68号(046000)	0355 - 2192312 0355 - 2192313(f)	Czsv93bgs@aliyun.com

晋城市委	山西省晋城市泽州路 851 号(048026)	0356 – 2031863 0356 – 2031863(f)	jsxsjcsw@163.com
临汾市委	临汾市财神楼北街 17 号 302 室(041000)	0357 – 3985993 13835730093	Lf93zhao@163.com
运城市委	山西运城市河东东街 248 号市政协大楼 717 室(044000)	0359 – 2665093 0359 – 2661393 0359 – 2665093(f)	ych93shw – bgsh@163.com
内蒙古区委	**呼和浩特市新城西街 212 号九三学社内蒙古自治区委员会(010010)**	**0471 – 6924846 0471 – 6924846(f)**	**www.93nmg.gov.cn**
办公室		0471 – 6924846 0471 – 6924846(f)	93nmg@163.com
组织部		0471 – 6203110	jsxsnmgqw@163.com
宣传部		0471 – 6204600	nmgwy888@vip.163.com
科技部		0471 – 6204633	jsxsnmgqw@163.com
呼和浩特市委	呼和浩特市新华大街 1 号九三学社呼和浩特市委会(010010)	办公室 0471 – 4606850; 0471 – 4606850(f)	www.hhhtjsxs.com hushijiusan@sina.com

包头市委	包头市青山区康乐小区（包头市气象局院内）九三学社包头市委会(014030)	0472－5918209 0472－5151602(f)	btjsxsbgs@aliyun.com
赤峰市委	赤峰是新城区总工会二楼九三学社赤峰市委会(024000)	0476－8838093 0476－8838093(f)	sunhongxue@163.com
乌海市委	乌海市滨河区行政中心A座九三学社乌海市委员会(016000)	0473－2999712	whjssw@163.com
鄂尔多斯市委	鄂尔多斯市康巴什党政办公大楼C座1033室(017100)	0477－8588496 0477－8588496(f)	fangjianhua93@163.com
呼伦贝尔市委	呼伦贝尔科技局(021008)	0470－8221857 0470－8221857(f)	zjj8297098@163.com
通辽市委	通辽市党政大楼通辽市政协(028000)	13904750027	TLDCZ@163.com
集宁委员会	乌兰察布市监察局(012000)	13848436012	jieli612@yahoo.com.cn

锡林浩特市委员会	内蒙古锡林浩特市国税局稽查局(026000)	0479 - 8816363	Tomxsg@163.com
辽宁省委	**辽宁省沈阳市和平区同泽南街124号(110005)**	**024 - 23508313** **024 - 2350831(f)**	**www.lnjsxs.org** **lnjsxsh@163.com**
办公室		024 - 23508313 024 - 23508313(f)	lnjsxsh@163.com
组织部		024 - 23521340 024 - 23521340(f)	15940239815@139.com
宣传部		024 - 23515645 024 - 23515645(f)	ln93xcb@sina.com
参政议政部		024 - 23522217 024 - 23522217(f)	lnli_2013@sina.com
沈阳市委	沈阳市和平区十纬路14号(110003)	024 - 22892402 024 - 22892402(f)	www.93xs.shenyang.gov.cn s93bgs@163.com
大连市委	大连市中山区鲁迅路278号(116001)	0411 - 82750093 0411 - 82750093(f)	www.dl93.cn Js_stf@dl.gov.cn
鞍山市委	鞍山市铁东区春光街13号(114008)	0412 - 2526356	Swj56@126.com
抚顺市委	抚顺市顺城区滴翠路11号(113006)	024 - 57660093 024 - 57660093(f)	fslisq@126.com

本溪市委	本溪市平山区市府南街20号(117000)	0414－2820274 0414－2820274(f)	Pll93@126.com
丹东市委	丹东市振兴区六纬路24号(118000)	0415－2125455 0415－2127827(f)	wqq050922@163.com
锦州市委	锦州市市府路67号(121013)	0416－3897793	lnjz93wh@126.com
营口市委	营口市站前区中兴路4号(115003)	0417－2666066 0417－2637124(f)	lnyk93@163.com
阜新市委	阜新市海州区西山路30号(123000)	0418－2821392 0418－2821392(f)	fx93lidongming@163.com
辽阳市委	辽阳市白塔区民主路68号(111000)	0419－2126823	lnly93@163.com
铁岭市委	铁岭市凡河新区金沙江路30号(112000)	024－74837921 024－74837921(f)	Chenyan62@163.com
朝阳市委	朝阳市双塔区朝阳大街四段5号(122000)	0421－2918011 0421－2918011(f)	cymjl@sina.com
盘锦市委	盘锦市兴隆台区市府大街58号(124010)	0427－2801593 0427－2801593(f)	huangweiyn@tom.com

葫芦岛市委	葫芦岛市龙湾大街7号(125000)	0429－3202898 0429－3202898(f)	hldlyydf@163.com
吉林省委	**长春市工农大路825号(130021)**	**0431－85801610** **0431－85952507(f)**	**http://www.jl93.gov.cn**
办公室		0431－85801610 0431－85801607 0431－85801610(f)	jsxsjlswbgs@163.com
组织处		0431－85801605 0431－85802716	jls93zzc@sina.com
宣传处		0431－85801611 0431－85807860	jlszyp@yeah.net
调研处		0431－85801608 0431－85802717	jls93@163.com
科教处(社会服务处)		0431－85801606 0431－85801609	736890048@qq.com
长春市委	长春市自由大路3708号(130022)	0431－85286495 0431－85286314(f)	http://www.cc93.org.cn/index.htm Cc93@sina.com
吉林市委	吉林市解放大路168号(132011)	0432－62066228 0432－62069118(f)	http://www.jls93.gov.cn/ 648151896@qq.com

四平市委	四平市英雄大路1719号（136000）	0434－3624324	http://sp93.gov.cn/index.asp sp－93@163.com
通化市委	通化市秀泉路702号（134001）	0435－3218973 15114398355 0435－3218973(f)	http://www.th93.com/ jsxsthsw@sina.com 93xs@sina.com
辽源市委	辽源市龙山区西宁大路1号136200	0437－3223453	http://www.93ly.cn jsxslysw@163.com
松原市委	松原市经济技术开发区厦门街与建业路交汇同盛商务大厦5楼138000	0438－2165587 0438－2165587(f)	48260482@qq.com
黑龙江省委	**哈尔滨市中山路99号(150036)**	**0451－82306774** **0451－82306774(f)**	**192.63.2.6**
办公室		0451－87009817 0451－82306774(f)	Hlj93office@126.com
组织部		0451－82306780 0451－82306774(f)	hljjszzb@126.com
宣传部		0451－82303790 0451－82306774(f)	Xcb93@163.com
社会服务部		0451－82341344 0451－82306774(f)	93wjm@163.com

参政议政部		0451－87009816 0451－82306774(f)	jiusanshengwei@163.com
哈尔滨市委	哈尔滨市买卖街123号(150010)	0451－84655412 0451－84655412(f)	www.hrb93.gov.cn 2251156197@qq.com
齐齐哈尔市委	齐齐哈尔市党政办公中心3号楼3531(161006)	0452－2793531	www.hlj93.gov.cn/qqhr/
牡丹江市委	牡丹江市江南党政办公中心3号楼(157022)	0453－6171143	jsmdj@163.com
佳木斯市委	黑龙江省佳木斯市长安路2666号行政中心0939室(154002)	0454－8511103	http://93.jms.gov.cn/ jmsjsxs@163.com
鸡西市委	鸡西市鸡冠区红旗路17号政协二楼(158100)	0467－2355751 0467－2355751(f)	he.wei1979@163.com
大庆市委	黑龙江省大庆市东风新村纬一路(市政府楼内)(163002)	0459－4680290 0459－4680290(f)	http://93xs.daqing.gov.cn/ dq93xs@163.com

大兴安岭工委	大兴安岭地区加格达奇区胜利路行署 3 号楼(165000)	0457－8907908 0457－8907907 0457－8907906	http://dxal.gov.cn/jsxs jsxsdxal@163.com
黑河市委	黑河市政府办公大楼南楼 313 室(164300)	0456－6103811	hhjsxs@126.com
绥化市委	绥化市党政办公中心 B301(152000)	0455－8385093	Honghe12345@163.com
七台河市委	七台河市桃山区大同街 45 号(154600)	0464－8277793	qthjslcc@163.com
上海市委	**上海市陕西北路 128 号(200041)**	**021－62712231** **021－62672231(f)**	**www.sh93.gov.cn** **shjsbgs@163.com**
办公室		021－62712231 021－62672231(f)	
组织部		021－62673531 021－62672231(f)	www.sh93.gov.cn shjsbgs@163.com
宣传部		021－62673530 021－62672231(f)	www.sh93.gov.cn shjsbgs@163.com
社会服务部		021－62671106 021－62672231(f)	www.sh93.gov.cn shjsbgs@163.com
参政议政部		021－62673533 021－62672231(f)	www.sh93.gov.cn shjsbgs@163.com

研究室		021 －62673309 021 －62672231(f)	www. sh93. gov. cn shjsbgs@ 163. com
黄浦区委	淡水路 325 号(200025)	021 －53963516	
徐汇区委	乌鲁木齐南路 218 号 408 室(200031)	021 －64453523	
浦东区委	民生路 1286 号 7 楼 711 室(200135)	021 －68543421	
静安区委	康定路 950 弄 50 号 A505 室(200042)	021 －62188615	
闸北区委	中华新路 469 号 315 室(200070)	021 －56989730	
闵行区委	沪闵路 6558 号 101 室(201100)	021 －64122698	
嘉定区委	博乐南路 111 号 C 楼 508 室(201800)	021 －69989030	
普陀区委	大渡河路 1668 号 C 楼 1524 室(200333)	021 －52564588 －3512	
宝山区委	密山路 8 号(201900)	021 －56694029	

虹口区委	唐山路 902 号 1 号楼 301 室（200082）	021－65859397	
杨浦区委	江浦路 1515 号统战楼 310 室（200092）	021－65140995	
长宁区委	安西路 37 号 505 室（200050）	021－62528578	
松江区委	松江区谷阳北路 3 号（201600）	021－57717855	
奉贤区委	奉贤区南桥镇南奉公路 9503 号（201400）	021－57186927	
金山区委	金山石化卫零路 809 号统战大楼 202 室（200540）	021－57961831	
青浦区委	青浦公园路 629 号九三办公室（201700）	021－59727221	
江苏省委	**南京市北京西路 30 号 13 层（210024）**	**025－83167386** **025－83167398** **025－83310975（f）**	**nj93swh@163.com**
办公室		025－83167381	bg@js93.cn

组织处		025 －83167375	zz@ js93. cn
宣传处		025 －83167383	xc@ js93. cn
调研处		025 －83167399	dy@ js93. cn
社会服务处		025 －83167370	kj@ js93. cn
南京市委	南京市成贤街43号3号楼4楼(210018)	025 －83190895 025 －83190872(f)	nj93swh@ 163. com nj93lyq@ 163. com
镇江市委	镇江市南徐大道68号新行政中心6号楼(212001)	0511 －84425952	jszjswh@ 163. com
常州市委	常州市龙城大道1280号3号楼A座1楼(213022)	0519 －85683978 0519 －85683979(f)	chzhjs@ pub. czjsinfo. net cz9393@ 126. com
无锡市委	无锡市太湖新城观山路市民中心7号6楼(214131)	0510 －82708791 0510 －81826895(f)	wx93 @ publicl. wx. js. cn wxhmh9378@ sina. com
苏州市委	苏州市五卅路148号9号楼(215006)	0512 －65234567 0512 －65234567(f)	Szjs9393 @ pub. sz. jsinfo. net sz93zzc@ 163. com
扬州市委	扬州市文昌中路538号(225002)	0514 －87343897 0514 －87343897(f)	yangzhou93@ 126. com

泰州市委	泰州市凤凰东路60号(225300)	0523－86839037 0523－86839037(f)	jsxstzsw@ sina. com
南通市委	南通市工农南路88号海联大厦8层(226018)	0513－51015930 0513－85169893(f)	nt93@ pub. nt. jsinfo. net
徐州市委	徐州市新城区昆仑大道1号市行政中心东3区273室(221018)	0516－83736615 0516－83754971(f)	Huangjie93@ yahoo. com. cn jsxslyy@ 163. com
淮安市委	淮安市健康西路140政府大院2号楼101室(223001)	0517－83665189 0517－83665189(f)	haswcft@ yahoo. com. cn
盐城市委	盐城市世纪大道21号市行政中心22楼(224005)	0515－88192218 0515－88192224(f)	yanch93@ sina. com
连云港委	连云港市新浦海昌北路102号(222002)	0518－85825072 0518－85825072(f)	lygjsxs@ 163. com
宿迁市委	宿迁市审计大楼717室(223800)	0527－84391193	shixiajie@ qq. com

江阴市委	江阴市澄江西路155号(214000)	0510－86843279 0510－86843278	jy93@pub.wx.jsinfo.net
浙江省委	**杭州市省府路5号楼(310025)**	**0571－87053978**	**www.zjjs.org** **jsxsbgs@sina.com**
办公室		0571－87053978	
组织部		0571－87053981	
宣传部		0571－87053982	
科教部		0571－87053984	
调研室		0571－87053990 0571－87053976(f)	
杭州市委	杭州市平海路32号(310006)	0571－87920374 0571－87920346(f)	www.hzjs.org jsxshzsw@sina.com
宁波市委	宁波市海曙区马园路2号朗官大厦(315010)	0574－87184090 0574－87315284(f)	www.nb93.gov.cn zqdnb@126.com
温州市委	温州鹿城区锦绣路南塘街南塘五组团商办楼3011室(325000)	0577－88227603 0577－87227602(f)	www.wz93.org Wz93@mail.wzptt.zj.cn
嘉兴市委	嘉兴市广场路1号市行政中心5号楼(314001)	0573－82521855 0573－82521857(f)	www.zjjx93.cn Jxjs93@163.com

湖州市委	湖州市行政中心1号楼(313000)	0572 - 2398625 0572 - 2398623(f)	93.huzhou.gov.cn jsxs@huzhou.gov.cn
绍兴市委	绍兴市中兴南路94号(312000)	0575 - 85127219 0575 - 85226647(f)	www.sx93.org Sxjs93@sina.com
金华市委	金华市八一北街1119号(321000)	0579 - 82436095 0579 - 82436685(f)	Jhjs9300@126.com
衢州市委	衢州市县西街宁绍巷6号(324100)	0570 - 3024908 0570 - 3024908(f)	Zwq931@126.com
舟山市委	舟山市定海区昌国路242号(316000)	0580 - 2026906 0580 - 2063282(f)	www.zsjs.org zsjs@hotmail.com
台州市委	台州市椒江区市府大道总工会大楼(318000)	0576 - 88513272 0576 - 88513272(f)	www.tz93.gov.cn tz093@126.com
丽水市委	丽水花园路1号市行政中心大楼主楼(323000)	0578 - 2091942 0578 - 2091942(f)	93xs.lishui.gov.cn lsjsxs@163.com
安徽省委	**合肥市舒城路11号(230001)**	**0551 - 62602308(f)**	**http://www.ah93.gov.cn**
办公室		0551 - 62602308	anhui93b@163.com
组织部		0551 - 62602326	93zzb@163.com

宣传部		0551－62602367	ah93x@163.com
参政议政部		0551－62602327	93czyzb@163.com
社会服务部		0551－62602313	93anhui@gmail.com
合肥市委	合肥市政务区民主党派综合楼(230071)	0551－63534657 0551－63534657(f)	http://jsxs.hefei.gov.cn hf.93@163.com
蚌埠市委	蚌埠市蚌山区华丰街一巷46号(233000)	0552－2044676	http://www.bb93.cn/ bblxl73@163.com
淮南市委	淮南市朝阳中路瑞金大厦10楼(232007)	0554－2685930 0554－2685930(f)	huainan93@163.com
宿州市委	宿州市银河一路政务中心主楼906室(234000)	0557－3026698 0557－3026698(f)	http://www.suzhou93.com/
淮北市委	淮北市相山区花园路7号(235000)	0561－3048934	http://www.hb93.org/huaibei93@126.com
马鞍山市委	马鞍山市翠湖路1号(243011)	0555－2330304 0555－2330304(f)	http://www.jsxx.org/ youngmen38@163.com

芜湖市委	芜湖市渡春路3号(241000)	0553－3833439 0553－3833439(f)	http://wh93.wh.cn/ jsxswhsw@163.com
铜陵市委	铜陵市淮河大道中段612号(244000)	0562－2864177 0562－2864177(f)	http://www.93tl.gov.cn/ xjxj93@163.com
黄山市委	黄山市屯溪区天都大道3号政协大楼(245000)	0559－2330026 0559－2330026(f)	http://www.hs93.com ahhs93@sina.com
安庆市委	安庆市四照园街14号民主党派大楼(246001)	0556－5516582 0556－5516582(f)	aqjszl5493@126.com
滁州市委	滁州市琅琊东路180号(239000)	0550－3041138 0550－3041138(f)	Zhouj7766@163.com
六安市委	六安市梅山南路砂石管理处四楼(237000)	0564－3384306 0564－3384306(f)	93xsla@163.com
亳州市委	亳州市希夷大道455号行政综合楼103室(236800)	0558－5125693 0558－5125693(f)	ahbz93@163.com
福建省委	**福州鼓楼区湖东路276号同心楼14层(350003)**	**0591－88016786** **0591－88016785(f)**	**http://www.fj93.gov.cn/** **jsxsfzsw@126.com**

办公室		0591－88016786	jsxsfzsw@126.com
组织处		0591－88016795	fj93z@sina.com
调研处		0591－88016796	
宣传处		0591－88016780	fj93xs@yahoo.com.cn
社会服务处		0591－88016781	fjjsshfw@126.com
福州市委	福州市福飞路井尾5号(350012)	0591－87731395 0591－87738511(f)	http://www.fz93.org.cn/ fjfz93@126.com
厦门市委	厦门市白鹭洲路16号团结大厦10楼(361004)	0592－2699073 0592－2699110(f)	http://www.xm93.gov.cn/ jiusanxueshe@yahoo.com
漳州市委	漳州市打锡巷47号民主党派大楼5楼(363000)	0596－2870319 0596－2896042(f)	zhangzhou93@163.com
泉州市委	泉州市丰泽区津淮街22号民主党派大楼三楼(362000)	0595－22505189 0595－22505289(f)	http://www.qz93.cn qz93189@163.com
三明市委	三明市政府大院西侧二楼(365000)	0598－8224271 0598－8224271(f)	http://www.smjsxs.cn smjsxs@163.com

莆田市委	莆田市荔城南大道 327 号高速大楼 4 层(351100)	0594 - 2631993 0594 - 2631992(f)	http://202.101.111.195/pt93/index.asp ptjsxs@163.com
南平市委	南平市人民路 93 号市政协大楼(353000)	0599 - 8822823 0599 - 8822823(f)	http://www.np93.orgNps@163.com
龙岩市委	龙岩市龙岩大道 1 号市行政中心东附北楼 2 层(364000)	0597 - 2337806 0597 - 2337806(f)	lyjs2004@sina.com
江西省委	**南昌市叠山路 511 号省政协大楼九楼(330008)**	**0791 - 86812651 0791 - 86823273 0791 - 86812651(f)**	**http://www.93jx.org/index.asp 93jx.gov@163.com**
办公室		0791 - 86812651 0791 - 86823273 0791 - 86812651(f)	93jx.gov@163.com
组织部		0791 - 86821675 0791 - 86812651(f)	Jx93swzzb@126.com
宣传部		0791 - 86821672 0791 - 86812651(f)	Jx93sw@126.com
南昌市委	南昌市红谷滩党派大楼一楼(330038)	0791 - 83884978	

九江市委	九江市庐峰路48号(332000)	0792－8584532	
景德镇市委	景德镇广场北路政协大院(333000)	0798－8226132	
吉安市委	吉安上文山路团结大楼5楼(343000)	0796－7029660	
赣州市委	赣州市政中心(341000)	0797－8391715	
宜春市委	宜春市行政中心宜阳大厦西座5楼(336000)	0795－3224671	
鹰潭市委	鹰潭市梅园新区党派大楼(335001)	0701－6442229	
抚州市委	抚州市行政中心市直集中办公大楼1号楼(344000)	0794－8292193	
新余市委	新余仙来西大道20号(338000)	0790－7059693	
萍乡工委	萍乡市安源区金陵西路272号(337002)	0799－6890093	

上饶工委	上饶市信州区金龙岗路 11 号（老法院）（334000）	0793 – 8270202	
山东省委	**济南市历下区经十路 18262 号（250061）**	**0531 – 68608861** **0531 – 68608862（f）**	**http://www.sd93.gov.cn** **sdjsbgs@163.com**
办公室		0531 – 68608861 0531 – 68608862（f）	sdjsbgs@163.com
组织部		0531 – 68608866 0531 – 68608865（f）	sdjszzb@126.com
宣传部		0531 – 68608868 0531 – 68608867（f）	qilushekan@126.com
参政议政部		0531 – 68608869 0531 – 68608869（f）	yzdy93@sina.com
济南市委	济南市经五路 169 号财税大厦 12 层（250001）	0531 – 83152668 0531 – 83152668（f）	http://www.jn93.org.cn jnjs93@126.com
青岛市委	青岛市市南区韶关路 54 号甲（266071）	0532 – 83868411 0532 – 83868411（f）	http://www.qd93.org jsxsh@163.com
烟台市委	烟台市莱山区观海路 75 号玉岱大厦 4 层（264001）	0535 – 6225895 0535 – 6224115（f）	93yt@163.com

淄博市委	淄博市张店区人民西路19号(255004)	0533－3160118 0533－3160118(f)	zibo93@163.com
泰安市委	泰安市泰山区望岳东路市政中心政协大楼(271000)	0538－6997650 0538－6997650(f)	taian93@163.com
枣庄市委	枣庄市光明大道2511号(277800)	0632－3316972 0632－3316972(f)	http://www.zaozhuang93.gov.cn zaozhuangjs@126.com
济宁市委	济宁市红星中路3号(272045)	0537－2339337 0537－2339337(f)	http://www.jn93.gov.cn sdjn93@126.com
潍坊市委	潍坊市胜利东街99号(261041)	0536－8789822 0536－8236357(f)	jswfsw@163.com
德州市委	德州市经济开发区市交通局办公楼5楼(253000)	0534－2687703 0534－2687703(f)	dzjsxs@sina.com
临沂市委	临沂市北城新区沂蒙路商会大厦6楼(276000)	0539－8052887 0539－8052887(f)	xfr199@126.com
聊城市委	聊城市健康路8号(252000)	0635－8222925 0635－8222925(f)	liaocheng93@126.com

东营市委	东营市东城府前街69号4楼(257091)	0546－8319393 0546－8301793(f)	Sddy93@163.com
日照市委	日照市泰安路33号21楼(276826)	0633－8333957 0633－8333957(f)	jsxsrzsw@163.com
滨州市委	滨州市黄河五路385号市政大楼1809室(256603)	0543－3162259 0543－3162258(f)	binzhou93911@sina.com
菏泽市委	菏泽市中华路611号市二轻局五楼(274000)	0530－6290093	hzs93@163.com
威海市委	威海市新威路1号市政府六号楼415室(264200)	0631－5201493 0631－5201493(f)	weihai93@163.com
河南省委	**河南省郑州市金水路14号(450003)**	**0371－65865204** **0371－65865204(f)**	**http://www.hns93.gov.cn/bangongshi93@126.com**
办公室		0371－65865204 0371－65865204(f)	bangongshi93@126.com
组织处		0371－65865202 0371－65865202(f)	wangzhihua923@126.com
宣传处		0371－65865200	czyz698@126.com
参政议政处		0371－65866054	czyz614@163.com

郑州市委	河南省郑州市北二七路76号(450000)	0371－67183151 0371－67183152(f)	http://www.zz93.org/zhengzhou93@163.com
开封市委	河南省开封市金明广场北侧政协统战楼(475004)	0378－3381213 0378－3381213(f)	ttp://www.kf93.gov.cn/ jskfsw@126.com
洛阳市委	河南省洛阳市太康路22号(471000)	0379－63916596(f)	http://www. ly93.gov.cn/index.html lyjsxs@126.com
平顶山市委	河南省平顶山市建设路282号市政协院内(467000)	0375－2205200	http://www.pds93.gov.cn/ pdsjs2205200@163.com
安阳市委	河南省安阳市人民大道117号(455000)	0372－5926331	http://www.ay93.net/ayjs5926331 @126.com
鹤壁市委	河南省鹤壁市新区市政府综合楼726房间(458030)	0392－3328979 0392－3328979(f)	http://www.hebi93.com/ hebiwxm@sina.com
新乡市委	河南省新乡市健康路28号(453000)	0373－2079393	http://www.xx93.gov.cn/ xx93xs@126.com
焦作市委	河南省焦作市丰收路中段党派楼(454001)	0391－3599668 0391－3599668(f)	http://www. jzs93.gov.cn/ jsxsjzsw@163.com

濮阳市委	河南省濮阳市人民路综合办公大楼院内东侧(457000)	0393－4438388 0393－4438388(f)	http://www. py93. gov. cn/ pyjs66@163. com
漯河市委	河南省漯河市沙北路63号(462000)	0395－3139270	http://www. lh93. cn/ hnlh93@163. com
三门峡市委	河南省三门峡市崤山路中段9号市房管局五楼(472000)	0398－2875577 0398－2581193(f)	http://www. smx93. com/ smx_93@163. com
南阳市委	河南省南阳市七一路706号市委2号院3号楼209室(473000)	0377－62298668 0377－62298668(f)	http://www. ny93. net/ ny93mic@sina. com
商丘市委	河南省商丘市委8号楼8506房间(476000)	0370－3368059 0370－3368059(f)	http://sq93. sqrb. com. cn/index. html wwp80092000@sina. com
信阳市委	河南省信阳市东方红大道7号(464000)	0376－6215693	http://www. xy93. gov. cn/ xyjsxs@126. com
湖北省委	**武汉市武昌区首义路71号(430060)**	**027－88076860 027－88076253(f)**	**http://www. hb93. gov. cn/cms/ hubei@93. gov. cn**

办公室		027 – 88076860 027 – 88076253(f)	
组织部		027 – 88074533 027 – 88076253(f)	jiuszzb@163.com
宣传部		027 – 88085098 027 – 88076253(f)	hbjsxcb@163.com
研究室		027 – 88313539 027 – 88076253(f)	js – llb@163.com
科技部		027 – 88084828 027 – 88076253	hb93@163.com
武汉市委	武汉市江汉区万松园3号武汉市民主党派大楼10、11楼(430022)	027 – 85586737 027 – 85586731(f)	http://www.wh93.org/ wh93zzb@126.com
黄石市委	湖北省黄石市杭州路88号(435003)	0714 – 6354566	522104714@qq.com
襄阳市委	襄阳市襄城区新街7号(441021)	0710 – 3512762	www.xf93.com419621666@qq.com
十堰市委	十堰市柳林路25号(442000)	0719 – 8656593 0719 – 8656593(f)	41559208@qq.com
荆州市委	荆州市沙市区江津中路239号(434000)	0716 – 8226875 0716 – 8226875(f)	jzjs_2004@sina.com

宜昌市委	湖北省宜昌市献福路 26 号(443000)	0717 -6908418	www. yc93. com hbyc93@126. com
荆门市委	荆门市象山二路16 号(448000)	0724 -2377197	jingmenjs@163. com
鄂州市委	鄂州市文星路106 号(436099)	0711 -3878831	1716452937@qq. com
潜江市委	潜江市章华大道18 号九三学社办公室(433100)	15807227093	155379032@qq. com. cn
湖南省委	**长沙潇湘中路70 号民主党派湖南省委九三学社(410006)**	**0731 -89714981** **0731 -88854324(f)**	**http://www. hn93. gov. cn/** **hn93bbs@163. com**
办公室		0731 -89714981 0731 -88854324(f)	
组织处		0731 -88854339	hnjszzc@163. com
参政议政处		0731 -88862351	hn93czc@163. com
宣传联络处		0731 -88854336	jsxsxcc@163. com
社会服务处		0731 -88611667	hn93@163. com
长沙市委	长沙市白沙路255 号(410002)	0731 -85532693 0731 -85532693(f)	Jsxscssw93@126. com

株洲市委	湖南省株洲市芦淞区沿江中路86号(412000)	0731-28687518 0731-28687516(f)	zzjiusan@126.com
湘潭市委	湘潭市双拥南路99号(411004)	0731-52818035 0731-52818034(f)	xiaowu430393@126.com
岳阳市委	岳阳市炮台山路86号民主党派大院(414000)	0730-8603505 0730-8603505(f)	yueyangjiusan@163.com
衡阳市委	衡阳市华新开发区华新大道天台街区统战大楼西四楼(421001)	0734-8292566 0734-8292566(f)	www.hnhy93.cn hyjs93@sina.com
常德市委	常德市武陵区光荣路88号(415000)	0736-7226820 0736-7226820(f)	http://cds93.changde.gov.cn cdjsxs@163.com
郴州市委	郴州市南岭大道党派商会大楼六楼(423000)	0735-2152693 0735-2152693(f)	http://hncz93.gov.cn cz93@163.com
益阳市委	湖南省益阳市桃花仑西路746号市委二院(413000)	0737-4238220 0737-4238220(f)	jsyysw@126.com

娄底 市委	娄底市乐坪东街13号市人大政协大院1号楼(417000)	0738－8313893	loudijiusan@163.com
张家界 市委	南庄坪市政协4楼(427000)	0744－8281893 0744－8281893(f)	Ztz93@163.com
邵阳 市委	邵阳市城北路43号(422000)	0739－2354118	18980071@QQ.COM
怀化 市委	怀化市迎丰中路333号中共怀化市委大院(418000)	0745－2720993	
广东 省委	**越秀区五羊村明月二路68号(510600)**	**020－87379447 020－87391275(f)**	**www.93.gd.cn gdjss@21cn.com**
办公室		020－87379447 020－87391275(f)	gd93bgs@163.com
组织处		020－87372800 020－87377532(f)	gdjszzc@163.com
宣传处		020－87372809 020－87370890(f)	gdjsbjb@163.com
参政议 政处		020－87379194 020－87374685(f)	czyzc93@126.com
广州 市委	广州市广州大道中39号四楼(510600)	020－87379512 020－87370459(f)	www.gz93.org.cn 93gz@21cn.com

深圳市委	深圳市福田区上步中路 1004 号四楼(518006)	0755－82013299 0755－82102464(f)	http://www.sz93.gov.cn
珠海市委	珠海市香洲区人民东路 101 号(519000)	0756－2111570 0756－2221899(f)	http://www.zh93.gov.cn zhuhai93@126.com
汕头市委	汕头市金湖路玫瑰园 29 栋(515041)	0754－88628197 0754－88250597(f)	stjs93@163.com
湛江市委	湛江市霞山人民大道南 43 号 428 号(524001)	0759－2281767 0759－2225450(f)	gdzj93@163.com
佛山市委	佛山市禅城区市东下路 18 号(528000)	0757－83353464 0757－83353464(f)	fsjius@163.com
韶关市委	韶关市西堤北路 44 号(512000)	0751－8881613 0751－8881613(f)	http://www.sgs93.com sgs93@163.com
江门市委	江门市潮江路 16 号(529000)	0750－3398445 0750－3398445(f)	jmjsxs@126.com
惠州市委	惠州市云山西路 6 号市政府行政中心 4 号楼 702(516003)	0752－2808780 0752－2808780(f)	http://hz93.huizhou.gov.cn hzjslyh2009@163.com

东莞市委	东莞市万寿路72号之一(523000)	0769-22211733 0769-22211733(f)	jsxs_dg@126.com
肇庆市委	肇庆市西江北路55号民主大楼八楼(526020)	0758-2851642 0758-2851642(f)	zhaoqing93@21cn.com
中山市委	中山市兴中道1号市政协大楼十楼(528403)	0760-88389005 0760-88301677(f)	http://www.zs93.gov.cn 513717489@qq.com
梅州市委	梅州市梅龙路市民主大楼四楼(514021)	0753-2247144 0753-2247144(f)	0753-2248996@163.com
阳江市委	阳江市东风二路45号市民主党派办公楼(529500)	0662-3357139 0662-8880930(f)	yjsw93@126.com
茂名市委	茂名市朝阳路1号华英大厦401室(525000)	0668-3999393 0668-3999393(f)	mmjiusan@126.com
广西区委	**广西南宁市昆仑大道9号7栋(530023)**	**0771-2868316** **0771-2868322(f)**	**www.gx93.gov.cn**
办公室		0771-2868316 0771-2868322(f)	

组织部		0771 –2868301 0771 –2868301(f)	jsgxz@ gxi. gov. cn
宣传部		0771 –2868312 0771 –2868312(f)	
调研室		0771 –2868309 0771 –2868309(f)	
服务部		0771 –2868305 0771 –2868305(f)	
南宁市委	广西南宁市园湖南路11号(530022)	0771 –5883329 0771 –5883329(f)	http://93xs. nanning. gov. cn/ nnjs –93@ 126. com
柳州市委	广西柳州市瑞康路9号(545006)	0772 –3307393 0772 –3307193(f)	lzjsxs@ 126. com
桂林市委	广西桂林市八桂路市直机关大院(541001)	0773 –2830352 0773 –2105318(f)	www. 93gl. org. cn jsxsglswh@ 126. com
梧州市委	广西梧州市新兴一路121号(543002)	0774 –2825642 0774 –2825642(f)	Jswzh93@ sina. com
北海市委	广西北海市中山东路213号九号楼五楼(536000)	0779 –2076823 0779 –2076823(f)	beihai93@ 163. com

钦州市委	广西钦州市永福东大街11号市行政信息中心A0112室(535000)	0777－3688193 0777－3688193(f)	gxqzjs@163.com
玉林市委	广西玉林市人民东路367号(537000)	0775－2811293 0775－2811293(f)	yl9393@126.com
贺州市委	广西贺州市贺州大道1－3号政务中心6楼(530099)	0774－5137593 0774－5137593(f)	hzs9393@126.com
海南省委	**海南省海口市国兴大道69号(570203)**	**0898－65371419** **0898－65391280(f)**	**hn93.org.cn** **hn93.163.com**
办公室	海南省海口市国兴大道69号(570203)	0898－65373620 0898－65391280(f)	hn93.163.com
组织部	海南省海口市国兴大道69号(570203)	0898－65391280 0898－65391280(f)	hn93.163.com
宣传部	海南省海口市国兴大道69号(570203)	0898－65374257 0898－65391280(f)	hn93.163.com

海口市委	海南省海口市秀英区长滨东2街7号新行政办公区13号楼1003室(570135)	0898－68720293 0898－68722193 0898－68722193(f)	haikou93@163.com
三亚市委	海南省三亚市龙岭路2号(原城郊人民检察院3楼)(572000)	0898－88273149 0898－88273149(f)	luoxiaoli.7@163.com 93gaosheng@163.com
重庆市委	**重庆市渝中区沧白路71号3楼(400010)**	**023－63846365** **023－63846365(f)**	**http://www.cq93.gov.cn** **bgs93@163.com**
办公室		023－6346365	bgs93@163.com
宣传处		15723072289	xuancc93@126.com
组织处		023－63728041 023－63846365(f)	zuzhi_93@163.com
社会服务处		15723072292	sfc_93@163.com
参政议政处		15723072287	cq93czyzc@163.com
北碚区委	重庆市北碚区城南海宇大厦706室(400700)	023－68289395	yishan.yu@163.com

沙坪坝区委	重庆市沙坪坝区天星桥都市花园东路18号党派楼(400038)	023－86272983	shaqu93@163.com
九龙坡区委	重庆市九龙坡区杨家坪西郊路50号8楼(400050)	023－86165093	514540716@qq.com
万州区委	重庆市万州区周家坝黑龙江路50号4楼(404000)	023－58250256	wz93bgs@yahoo.com.cn
涪陵区委	重庆市涪陵区兴华中路50号(408000)	023－72222286	fuling93888@126.com
南岸区委	重庆市南岸区长生桥镇广福大道1号(401336)	023－62988244	cqnnjsxx@163.com
渝中区委	重庆市渝中区和平路192号新民花园A栋5楼(400010)	023－63505384	cqyz93@163.com
黔江区委	重庆市黔江区二环路区政府综合楼405室(409000)	023－79245641	qjjs01@163.com

渝北区委	重庆市渝北区渝航路三巷8号(401120)	023－67812020	13330211019@163.com
永川区委	重庆市永川区人民大道191号(402160)	023－49829793	wsp－－2005@163.com
綦江区委	重庆市綦江区银华大厦236室(404120)	023－48653716	340292543@qq.com
大渡口区委	重庆市大渡口区行政中心西443室(400080)	023－68173443	ddk93@163.com
长寿区工委	重庆市长寿区桃花行政中心南楼2－4室(401220)	023－40661821	872077050@qq.com
合川区工委	重庆市合川区希尔安大道政府大楼1110室(401520)	023－42756390	279672535@qq.com
江北区工委	重庆市江北区金港新区16号1833室(400025)	023－67108793	2289069075@qq.com

四川省委	**四川省成都市白丝街33号(610016)**	**028-82820735(专职副主委办公室)** **028-82820724(f)**	**bgssc93@163.com**
办公室		028-82820723	bgssc93@163.com
组织处		028-82820726	jsxszzc@126.com
宣传处		028-82820729	xcc93@126.com
科技处		028-82820731	sckjc93@126.com
研究室		028-82820728	
省直工委办公室		028-82820732	
成都市委	成都市斌升街9号(610015)	028-86636671 028-86246175(f)	93cd@163.com
攀枝花市委	攀枝花市东区人民街77号(617000)	0812-3332048	pzh93@126.com
南充市委	南充市玉带中路二段55号民主党派大楼(637000)	0817-2807593 0817-2708593(f)	jsxsnc@126.com
内江市委	内江市市中区翔龙路83号(641000)	0932-2048361	njjsxs@126.com
德阳市委	德阳市旌阳区凯江路二段124号(618000)	0838-2502191 0938-258903(f)	jsxsdysw@163.com

自贡市委	自贡市檀木林大街16号(643000)	0813－2301068	zgjiusan@hotmai.com
泸州市委	泸州市江阳南路10号(646000)	0830－3118325 0830－3112506(f)	Lzjs93@163.com
绵阳市委	绵阳市涪城区金菊街37号(621000)	0816－2379413 0816－2370937(f)	my93web@my.gov.cn
乐山市委	乐山市市中区铁门坎33号(614000)	0833－2132260 0833－2110386(f)	93lssw@sina.com.cn
凉山州委	西昌市胜利南路光彩小区民主党派大楼(615000)	0834－6100293(f)	0834－3200932 jsxslszw@sina.com
宜宾市委	宜宾市翠屏区南岸龙湾路19号(644000)	0831－2383654 0831－2381843(f)	jsybsw@yahoo.com.cn
广元市委	广元市利州东路553号(628017)	0839－3266434 0839－3266434(f)	scgy93@163.com
资阳市委	资阳市雁江区广场路9号市政府办公区2号楼1129(641300)	028－2611593 028－26110593(f)	Sczy93@163.com

贵州省委	**贵阳市云岩区北京路 141 号省政协大楼(550004)**	**0851 – 6823641** **0851 – 6823641(f)**	**http://www.gz93.gov.cn** **gzjsxs@163.com**
办公室		0851 – 6823641 0851 – 6823641(f)	gzjsxs@163.com
组织处		0851 – 6828107 0851 – 6828176 0851 – 6828107(f)	93gzzz@163.com
宣传处		0851 – 6872512 0851 – 6835539 0851 – 6872512(f) 0851 – 6835539(f)	huyingmingyuwen@hotmail.com
调研处		0851 – 6857400 0851 – 6829675 0851 – 6857400(f)	939238812@qq.com
社会服务处		0851 – 6820440 0851 – 6835529 0851 – 6820440(f)	jsxszhm@163.com
贵阳市委	贵州贵阳观山湖区市级行政中心二期 C 区 4 楼(550081)	0851 – 7987618 0851 – 7987923(f)	jsxsgysw@sina.com
遵义市委	遵义市红花岗区玉屏路 4 号(563000)	0852 – 8234553	http://js.zunyi.gov.cn zyjsxs2004@163.com

安顺市委	贵州省安顺市西秀区南水路14号(561000)	0853－3224288 0853－3224288(f)	anshunjiusan@163.com
六盘水市委	贵州省六盘水市钟山区钟山中路开投大厦11楼(553000)	0858－8223993 0858－8223993(f)	http://93.gzlps.gov.cn lpsjssw1988@126.com
黔南州委	贵州省都匀市文峰路20号州政协6楼(558000)	0854－8250551 0854－8250551(f)	sncb0411@126.com
铜仁市委	贵州省铜仁市向阳路4－18号(554300)	0856－5216090	jstrsw93@163.com
毕节市委	贵州省毕节市洪南路新行政办公中心B栋107(551700)	0857－8235393 0857－8235393(f)	gzbj93@163.com
云南省委	**昆明市翠湖南路94号(650031)**	**0871－65152845** **0871－65152749(f)**	**www.93yn.org**
办公室		0871－65152845 0871－65152749(f)	Yn93bgs@163.com
组织处		0871－65152938 0871－65152938(f)	93ynzz@163.com
宣传处		0871－65152994 0871－65152994	93ynxc@vip.sina.com

参政议政处		0871－65152440 0871－65151440(f)	93zwb@ vip. 163. com
社会服务处		0871－65152841 0871－65152841(f)	494106863@ qq. com
联络处		0871－65152842	93ynnl@ sina. com
昆明市委	昆明市呈贡区行政中心春融路1号10号楼附楼3楼(650500)	0871－68241556 0871－68241556(f)	
红河州委	蒙自市天马路西段州级行政中心政协大楼(661100)	0873－3730653 0873－3730654 0873－3730654(f)	honghe93@ sina. com
曲靖市委	曲靖市玄坛路32号政协大楼二楼(655000)	0874－3139059	
玉溪市委	玉溪市玉兴路39号(653100)	0877－2023101 0877－2023101(f)	601286616@ qq. com
大理州委	大理市下关龙山行政办公区民主党派楼(671000)	0872－2428083 0872－2428083(f)	Jiusancdm@ sina. com
保山市委	保山市人民路60号市政协大楼(678000)	0875－2160565 0875－221196 0875－2160565(f)	

楚雄州委	楚雄市开发区丰胜路3号民主党派楼(675000)	0878 - 8960709(专职副主委) 0878 - 8988063 0878 - 8960709(f) 0878 - 8988063(f)	www. djcx. com/93 93yncx@ sina. com
陕西省委	**陕西省西安市西新街22号(710004)**	**029 - 87277581** **029 - 87277581(f)**	**http://www. 93sax. org/** **Shbgs93@163. com(办公室)**
组织部		029 - 87277450 029 - 87277450(f)	93shz@ 163. com(组织部)
办公室		029 - 87277581 029 - 87277581(f)	Shbgs93@ 163. com(办公室)
宣传部		029 - 87277670	93shx@ 163. com(宣传部)
科教部		029 - 87277673	Shkj93@ 163. com(科教部)
参政议政部		029 - 87277672	93shd@ 163. com(参政议政部)
西安市委	西安市新城区西新街22号(710004)	029 - 87277522	http://www. xian93. com Xian93xueshe@ 163. com
宝鸡市委	宝鸡市宝虢路125号2号楼(721004)	0917 - 3260854 0917 - 3260854(f)	Bjjs1@ 163. com

咸阳市委	咸阳市渭阳中路副6号市政协419(712000)	029－33210336 029－33210336(f)	93xsxy@163.com
汉中市委	汉中市汉台区民主街建设巷7号(723000)	0916－2525087	hanzhong93@126.com
汉台区委	汉中市汉台区中山街71号(723000)	0916－2529293	Hantai93@163.com
渭南市委	渭南市临渭区东风大街东段渭南迎宾馆3#520(714000)	0913－2158498 0913－2158498(f)	wnjssw@163.com
榆林市委	榆林市解放巷2号原市委上院4楼(719000)	0912－3234093 0912－3234093(f)	yljsxs@163.com
甘肃省委	**兰州市团结路1号,省政协办公大楼西6楼(730010)**	**0931－8586059** **0931－8586056(f)**	**www.gs93.com**
办公室		0931－8586059 0931－8586059(f)	gs93bgs@163.com
组织部		0931－8586051	gs93zxb@163.com
宣传部		0931－8586051	812658396@qq.com
参政议政部		0931－8586061	93gsczyzb@163.com

社会服务部		0931－8586055	gs93sh@ sohu. com
兰州市委	兰州市城关区临夏路83号金瓯大厦14楼1403室(730030)	18215180181(办)	Lzsjsxs@ 126. com
天水市委	天水市秦州区建设路182号(741000)	0938－8282338	gs. ts93 @ yahoo. com. cn
白银市委	白银市人民路100号统办楼5楼C区(730900)	0943－8250205	gsbyjs@ 126. com
嘉峪关市委	嘉峪关市建设西路综合办公楼(735100)	0937－6225707	13993762349 jygjiusanxueshe@ 163. com
酒泉市委	酒泉市市政大厦西九楼(735000)	0937－2650270 0937－2656621(f)	YMZZFC@ 163. COM
张掖市委	张掖市甘州区南环路679号(734000)	0936－8229399	Zyjsxs@ 163com
金昌市委	金昌市天津路101号甘肃省冶金职业技术学院综合楼446室(737100)	0935－6911559 0935－6911567(f)	jsheyh@ sina. cn

武威市委	武威市北关中路64号(733099)	0935－6966965	18009350066@163.com
青海省委	**青海省西宁市五四西路1号(810000)**	**6309502 6309502(f)**	**Qhjssw@yahoo.com.cn**
办公室		6307397 6307397(f)	
组织部		6307395	
宣传部		6307394	
参政议政部		6300980	
西宁市委	青海省西宁市南关街83号九三学社西宁市委(810000)	8230741	http://jsxs.xining.gov.cn/ 1426482018@qq.com
宁夏区委	**宁夏银川市金凤区人民广场东街219号,宁夏民主党派大楼(750002)**	**0951－6667366 0951－6667367(f)**	**http://nx93.gov.cn nx93bgs@126.com**
办公室		0951－6667366 0951－6667367(f)	nx93bgs@126.com
组宣处		0951－6667368 0951－6667369(f)	jsnxzxc@163.com
参政议政处		0951－6667371 0951－6667372(f)	nx93@163.com

银川市委会	宁夏银川市金凤区行政中心3号楼(750002)	0951－6888513	nxyc_93@163.com
石嘴山市委	宁夏石嘴山市新区市政协楼内(753000)	0952－2218303	nrzy_072@163.com
吴忠市委	宁夏吴忠市利通区朝阳东街吴忠日报社办公楼(751100)	0953－2013226	jswzswh@163.com
固原市委	宁夏固原市行政中心213室民主党派办公室(756000)	0954－2088034 0954－2088034(f)	nxgy93xs@163.com
新疆区委	**新疆乌市友好南路716号(830000)**	**0991－4539427** **0991－4539427(f)**	**xinjiang@93.gov.cn**
办公室		0991－4539427 0991－4539427(f)	
组织部		0991－4516378 0991－4516378(f)	
宣传调研部		0991－4516669 0991－4516669(f)	
参政议政部		0991－4516276 0991－4516276(f)	

乌鲁木齐市委	新疆乌市南湖南路127号(830063)	0991－4679140 0991－4679138(f)	wlmq_93@126.com
石河子市委	北四路党政服务中心(832000)	0993－2015498 0993－2015498(f)	274104333@qq.com
昌吉筹委会	新疆昌吉州农业局(831100)	18999551868 0994－2343295(f)	cjznyjkjk@sina.com

附 录

九三学社第一至十二届中央委员会组成人员名单

九三学社成立大会

（1946 年 5 月 4 日成立，发表成立宣言）

理　事：（按姓氏笔画为序）

王卓然　许德珩　严希纯　李士豪　吴藻溪　张西曼
张迦陵　张雪岩　孟宪章　涂长望　黄国璋　笪移今
彭饬三　税西恒　褚辅成　潘　菽

监　事：（按姓氏笔画为序）

卢于道　刘及辰　何　鲁　陈剑翛　侯外庐　梁　希
詹熊来　黎锦熙

九三学社第一届中央理事会

（1950 年 3 月）

主　席：许德珩

副主席：梁　希

常务理事：（按姓氏笔画为序）

许德珩　孟宪章　黄国璋　梁　希　薛　愚

理　事：（按姓氏笔画为序）

方　亮　许德珩　孙荪荃（女）　孙承佩　严济慈

吴藻溪　孟宪章　黄国璋　笪移今　梁　希

谢立惠　裴文中　黎锦熙　潘　菽　薛　愚

秘书长：黄国璋

副秘书长：方　亮　李　毅

九三学社第二届中央理事会

（1950 年 12 月）

主　席：许德珩

副主席：梁　希

常务理事：（按姓氏笔画为序）

许德珩　孟宪章　黄国璋　梁　希　薛　愚

理　事:(按姓氏笔画为序)

方　亮　卢于道　叶丁易　许德珩　孙荻荃(女)
孙承佩　劳君展(女)　严济慈　吴藻溪　初大告
金善宝　孟宪章　洪铭声　袁翰青　高觉敷
涂长望　黄国璋　笪移今　梁　希　彭饬三
董渭川　税西恒　鲁宝重　谢立惠　裴文中
黎锦熙　潘　菽　薛　愚

候补理事:(按姓氏笔画为序)

王克诚　汤璪真　张效良　金　涛　洪　涛
顾执中　漆文定

秘书长:黄国璋

副秘书长:方　亮　李　毅

九三学社第三届中央委员会

(1952年9月)

主　席:许德珩

副主席:梁　希

常务委员:(按姓氏笔画为序)

方　亮　卢于道　叶丁易　许德珩　孙承佩
严济慈　劳君展(女)　杨肇燫　袁翰青　涂长望
梁　希　彭饬三　董渭川　税西恒　裴文中
黎锦熙　潘　菽　薛　愚　魏建功

委　员：（按姓氏笔画为序）

丁道衡　干　铎　王之相　王家楫　朱物华
伍献文　刘及辰　孙云铸　孙荪荃（女）　吴学周
初大告　张　席　陈明绍　金善宝　周拾禄
周培源　孟宪章　赵九章　柯　召　侯宗濂
洪铭声　钱钟韩　高觉敷　葛庭燧　游国恩
鲁宝重　谢立惠　薛公绰

候补委员：（按姓氏笔画为序）

王克诚　李　毅　金　涛　洪　涛　笪移今
漆文定　乐怡然　储安平　顾执中

秘书长：涂长望

副秘书长：叶丁易　李　毅

九三学社第四届中央委员会

（1956 年 2 月）

主　席：许德珩

副主席：梁　希

常务委员：（按姓氏笔画为序）

方　亮　卢于道　许德珩　孙承佩　严济慈
劳君展（女）　杨肇燫　吴学周　陆侃如　茅以升
周培源　侯宗濂　袁翰青　涂长望　梁　希
董渭川　税西恒　裴文中　黎锦熙　潘　菽

薛　愚　　魏建功

委　员：（按姓氏笔画为序）

干　铎	王之相	王应睐	王际强
王家楫	王淦昌	方　亮	尹赞勋
卢于道	叶恭绍（女）	乐怡然	吕斯百
朱物华	乔启明	伍献文	刘及辰
刘开荣（女）	刘锡瑛	许德珩	孙云铸
孙承佩	孙荪荃（女）	严济慈	劳君展（女）
李　毅	李　薰	杨钟健	杨肇燫
吴学周	初大告	张　玺	张　鸿
张伯声	张席禔	陆侃如	陈　立
陈时伟	陈明绍	陈建功	陈恩凤
陈鹤琴	茅以升	罗登义	金　涛
金克木	金善宝	周拾禄	周培源
郑衍芬	赵九章	胡志彬	柯　召
侯宗濂	俞平伯	洪铭声	袁翰青
钱钟韩	高觉敷	涂长望	黄子卿
黄汲清	笪移今	梁　希	葛庭燧
董渭川	税西恒	储安平	鲁宝重
游国恩	谢立惠	褚凤仪	裴文中
黎锦熙	潘　菽	薛　愚	薛公绰
戴修瓒	魏建功		

候补委员：（按姓氏笔画为序）

李孝芳（女）　洪　涛　彭饬三　漆文定　顾执中

秘书长:涂长望

副秘书长:孙承佩　陈明绍　李　毅　周慧明(女)

九三学社第五届中央委员会

(1958 年 12 月)

主　席:许德珩

副主席:梁　希　周培源　潘　菽　茅以升　涂长望　严济慈

常务委员:(按姓氏笔画为序)

干　铎	王家楫	方　亮	卢于道	刘锡瑛
许德珩	孙承佩	严济慈	劳君展(女)	李　毅
杨钟健	吴学周	茅以升	金克木	金善宝
周培源	侯宗濂	涂长望	梁　希	税西恒
谢立惠	裴文中	黎锦熙	潘　菽	薛公绰
魏建功				

委　员:(按姓氏笔画为序)

干　铎	王之相	王应睐	王际强	王季午
王泽农	王家楫	王淦昌	方　亮	方先之
尹赞勋	卢于道	叶恭绍(女)	乐怡然	曲仲湘
吕斯百	朱物华	乔启明	伍献文	刘及辰
刘开荣(女)	刘恢先	刘锡瑛	许德珩	孙云铸
孙承佩	严济慈	劳君展(女)	李　毅	李　薰
杨钟健	吴学周	余　濒	初大告	张　玺

张　鸿	张伯声	张泽熙	张席禔	陈　立
陈　章	陈大燮	陈志安	陈建功	陈恩凤
陈鹤琴	茅以升	罗登义	金少英	金克木
金善宝	周行健	周培源	郑万钧	郑衍芬
赵九章	赵宗复	胡志彬	胡国栋	柯　召
侯宗濂	俞平伯	洪铭声	袁翰青	徐佐夏
徐眉生	涂长望	黄子卿	黄友谋	黄汲清
笪移今	梁　希	彭饬三	葛庭燧	韩寿萱
董树屏	蒋导江	程希孟	税西桓	鲁宝重
游国恩	谢立惠	鲍　鼎	褚凤仪	裴文中
黎锦熙	颜福庆	潘　菽	薛　愚	薛公绰
魏建功				

候补委员:（按姓氏笔画为序）

李孝芳（女）　吴　桢　陆光庭　许彦生

秘书长:孙承佩

副秘书长:裴文中　李　毅

九三学社第六届中央委员会

（1979 年 10 月）

主　席:许德珩

副主席:周培源　潘　菽　茅以升　严济慈　税西恒
金善宝　卢于道　王竹溪　柯　召　孙承佩

常务委员：（按姓氏笔画为序）

王竹溪	方　亮	尹赞勋	卢于道	伍献文
刘及辰	许德珩	孙承佩	严仁英（女）	严济慈
李　毅	吴学周	茅以升	金克木	金善宝
周培源	柯　召	侯宗濂	袁翰青	陶葆楷
黄子卿	黄友谋	黄汲清	税西恒	谢立惠
虞颂庭	裴文中	潘　菽	薛公绰	

委　员：（按姓氏笔画为序）

王之相	王文义	王竹溪	王应睐	王际强
王季午	王泽农	王祖农	王淦昌	方　亮
方国瑜	尹文英（女）	尹赞勋	邓家栋	卢于道
卢士谦	卢鹤绂	叶佩华	叶恭绍（女）	乐以成（女）
乐怡然	曲仲湘	朱弘复	朱物华	朱新予
伍献文	刘及辰	刘恢先	许彦生	许继曾
许德珩	孙承佩	严开元	严仁英（女）	严济慈
李　毅	李　薰	李庆逵	李宗明	李孝芳（女）
杨　櫆	杨乃俊	吴　桢	吴于廑	吴廷椿
吴学周	余　潤	启　功	宋则行	初大告
张光斗	张伯声	张泽熙	张钰哲	张德仁
陆光庭	陈　立	陈　章	陈　植	陈子展
陈光旭	陈志安	陈明绍	陈恩凤	陈鹤琴
茅以升	罗登义	金克木	金善宝	周　尧
周行健	周培源	周裕德	郑万钧	赵士杰
赵富鑫	胡志彬	胡国栋	柯　召	侯宗濂

俞平伯	施锡恩	洪铭声	袁见齐	袁翰青
钱钟韩	倪葆春	徐　中	徐　僖	徐贤恭
徐采栋	徐眉生	高觉敷	郭秉宽	唐长孺
唐有祺	陶葆楷	黄子卿	黄友谋	黄汲清
笪移今	葛庭燧	董树屏	蒋次升	蒋导江
程达肯	程绍迴	税西恒	谢立惠	谢光华
谢秉仁	虞颂庭	鲍　鼎	蔡秉久	裴文中
潘　菽	薛　愚	薛公绰	魏寿昆	魏建功

候补委员：（按姓氏笔画为序）

王丙戌　王祖骥　江　地　赵伟之

秘书长：孙承佩（兼）

副秘书长：李　毅　裴文中　王志诚

九三学社第七届中央委员会

（1983 年 12 月）

主　席：许德珩　周培源（注）

副主席：周培源　潘　菽　茅以升　严济慈　金善宝
卢于道　柯　召　孙承佩　徐采栋　郝诒纯（女）
安振东

常务委员：（按姓氏笔画为序）

王应睐	王际强	王季午	王泽农	王淦昌
方　亮	尹赞勋	邓家栋	卢于道	曲仲湘

朱弘复　伍献文　刘及辰　刘恢先　安振东
许德珩　孙承佩　严仁英(女)　严济慈　李　毅
李庆逵　李孝芳(女)　杨　槱　杨乃俊　吴　桢
吴于廑　启　功　宋则行　陈　立　陈　植
陈明绍　陈恩凤　茅以升　罗登义　金克木
金显宅　金善宝　周培源　赵伟之　郝诒纯(女)
胡国栋　柯　召　侯宗濂　洪铭声　袁翰青
徐采栋　徐眉生　高觉敷　陶葆楷　黄友谋
黄汲清　笪移今　葛庭燧　程绍迥　程裕淇
谢立惠　谢光华　虞颂庭　潘　菽　薛　愚
薛公绰　魏寿昆

委　员：(按姓氏笔画为序)

王之相　王文义　王丙戌　王先俊　王应睐
王际强　王季午　王泽农　王祖农　王祖骥
王淦昌　韦振鹏　毛汉礼　方　亮　方国瑜
尹文英(女)　尹赞勋　邓家栋　左明生　卢于道
卢士谦　卢鹤绂　叶佩华　叶恭绍(女)　乐以成(女)
乐怡然　师昌绪　曲仲湘　吕忠恕　朱弘复
朱物华　朱祖祥　朱新予　伍献文　刘及辰
刘育民　刘恢先　汤定元　安振东　许彦生
许继曾　许德珩　阴法鲁　孙承佩　严仁英(女)
严济慈　李　毅　李士豪　李庆逵　李孝芳(女)
李宗明　李继华　李赋宁　杨　槱　杨乃俊
杨文衡　杨曾艺　肖　蔚　吴　桢　吴　翼

吴于廑	吴阶平	吴廷椿	吴震春	何家泌
何浣芬(女)	余　溍	启　功	宋则行	宋汝良
初大告	张　准	张光斗	张伯声	张泽熙
张钰哲	张德仁	陆光庭	陈　立	陈　杰
陈　章	陈　植	陈子展	陈光旭	陈志安
陈明绍	陈秉聪	陈学俊	陈恩凤	陈景河
陈善明	范济洲	茅以升	尚天裕	罗蛰潭
罗登义	金开诚	金克木	金显宅	金善宝
周　尧	周行健	周廷儒	周明镇	周品威
周培源	周裕德	郑作新	孟庆闻(女)	赵士杰
赵伟之	赵富鑫	郝诒纯(女)	胡志彬	胡国栋
胡厚宣	柯　召	钟　麟	侯宗濂	俞平伯
施锡恩	洪铭声	姚奠中	袁见齐	袁翰青
贾兰坡	钱　礼	钱钟韩	倪葆春	徐　中
徐　僖	徐贤恭	徐尚志	徐采栋	徐眉生
殷若男(女)	高由禧	高觉敷	郭秉宽	唐长孺
唐立民	唐有祺	陶葆楷	黄友谋	黄汲清
黄致甲	笪移今	隆言泉	彭司勋	葛庭燧
董树屏	蒋次升	蒋导江	程绍迥	程裕淇
傅世春	曾近义	谢义炳	谢立惠	谢光华
虞颂庭	蔡秉久	裴尚同	廖延雄	潘　菽
潘絜兹	薛　愚	薛公绰	魏寿昆	

候补委员:(按得票多少为序)

刘　波　祁龙威　徐继增　王毓岳　王德林

孙曾一　周与良（女）项宗筠（女）黄其兴　梁绍造
磨文彪　杨　华　季毓彪　袁乃勤　曹赤阳
云　汉　周文玲（女）黄蕴慧（女）董耐芳（女）楚九英
范子昌　牟小东　青莱藻　江　地

秘书长：赵伟之

中央执行局：

主　任：孙承佩

委　员：郝诒纯（女）　赵伟之　李　毅　薛公绰

候补委员：金开诚

中央委员会顾问：（按姓氏笔画为序）

于省吾　万昕王　回　珠（女）王竹亭　庄圻泰
关实之　李浩培　李贵真（女）杨遵仪　肖　璋
何怡贞（女）沈寿铨　张洪沅　陈友端　陈志潜
陈王善继　周志宏　郑华炽　孟宪德　秦含章
袁复礼　钱祖恩　徐诵明　唐振绪　黄绍鸣
彭光钦　韩德培　傅筑夫　鲍觉民　赫崇本
谭其骧　樊　弘

注：在九三学社七届三中全会上，会议接受许德珩辞去主席职务的请求，一致推举周培源为九三学社中央委员会主席。

九三学社第八届中央委员会

（1988 年 12 月）

名誉主席：许德珩　严济慈　茅以升　金善宝

主　席：周培源

副主席：孙承佩　徐采栋　郝诒纯（女）　安振东　王文元
杨　槱　吴阶平　陈明绍　陈学俊　赵伟之（注1）

常务委员：（按称氏笔画为序）

刁培德	牛　今	王文元	王庆延
王辉丰	方　亮	左明生	卢士谦
田麦久	师昌绪	朱祖祥	刘邦瑞
刘恢先	安振东	许香谷	孙承佩
严仁英（女）	李　毅	李凤鸣	李孝芳（女）
杨　槱	吴　桢	吴阶平	何浣芬（女）
宋则行	张合义	张德仁	陈　杰
陈明绍	陈学俊	陈善明	周明镇
周培源	金开诚	金国芬（女）	赵伟之
郝诒纯（女）	柯　召	徐尚志	徐采栋
唐立民	黄其兴	梅祖彦	董耐芳（女）
葛庭燧	博世春	曾近义	谢丽娟（女）
虞颂庭	廖延雄	薛公绰	戴　斌（女）

委　员：（按姓氏笔画为序）

刁培德	牛　今	王　勉	王一飞
王文义	王文元	王丙戌	王永安
王成堂	王庆延	王先俊	王季卿
王贤才	王祖农	王祖骥	王家骅
王辉丰	王毓岳	王德元	王德林
方　亮	方　强	邓汉馨	尹文英（女）
云　汉	左明生	龙献福	卢士谦
卢鹤绂	田麦久	冯　容（女）	叶　飞
叶育林	叶雄干	师昌绪	朱祖祥
朱家琪	刘　波	刘邦瑞	刘国均
刘建康	刘恢先	刘荣汉	刘振中
汤定元	安振东	庄启谦	江　地
许香谷	牟小东	孙承佩	孙曾一
阴法鲁	祁龙威	严仁英（女）	严庆汉
李　平（女）	李　毅	李士豪	李凤鸣
李永昌	李孝芳（女）	李宗明	李昌达
李美南	李继华	李赋宁	李新洲
杨　华	杨　槱	杨菊香（女）	杨曾艺
杨景苏	吴　桢	吴　翼	吴阶平
吴廷椿	吴若秋	吴雅南（女）	吴震春
何知凡	何家泌	何浣芬（女）	宋则行
宋汝良	汪　愚	汪大成	沈亦为
沈良祥	沈根荣	张　准	张友隽

张合义	张冷松(女)	张叔英	张荣祥
张重超	张祖光	张德仁	陆光庭
陆敬业	陈　杰	陈　端(女)	陈心昭
陈明绍	陈秉聪	陈学俊	陈景河
陈善明	青莱藻	林树彤	范子昌
尚天裕	罗蛰潭	郑正炯	郑英铭
周与良(女)	周文玲(女)	周弘初(女)	周明镇
周家纯	周培源	金开诚	金国芬(女)
孟庆闻(女)	赵士杰	赵丛礼	赵伟之
赵安泰	郝诒纯(女)	胡　生	胡同光
胡国栋	柯　召	钟　麟	钟启承
俞夕云(女)	俞德祺	洪绂曾	姜虹飞
施润昌	姚奠中	项宗筠(女)	袁乃勤
袁龙蔚	夏洪生	秦　京	倪正茂
钱　礼	徐　僖	徐尚志	徐采栋
徐继曾	徐润芳(女)	殷若男(女)	高由禧
高振元	高继中	涂友仁	涂光备
凌一揆	唐立民	唐有祺	黄小英
黄玉生	黄宁一	黄其兴	黄明度
黄致甲	黄蕴慧(女)	曹一南	曹赤阳
梅祖彦	龚振栋	隆言泉	彭司勋
董耐芳(女)	蒋次升	蒋次鹏	葛仁勇
葛庭燧	傅世春	傅璇琮	曾近义
曾陇梅	谢义炳	谢丽娟(女)	虞颂庭

赖在抗	楚九英	阙端麟	蔡秉久
蔡顺养	裴　桂(女)	裴尚同	廖延雄
潘絜兹	薛公绰	磨文彪	戴　斌(女)
魏蕴瑜(女)			

候补委员:(按得票多少为序)

陈　忠(女)(注2)	刘思平(注2)	童宣明(注2)
杨培全(注2)	孙载坚(注2)	王留荣(女)(注2)
方广威(注2)	肖玉麟	张伯伦
陶惠蓉(女)	潘蓓蕾(女)	朱涵华
朱舜奇	钱荫愉(女)	孟宪显
安南娜(女)	马荣麟	王建东
沈静珠(女)	徐兆骥	徐唐龄
周　翔(女)	徐宗俊	杨宗义
高　庆(女)	夏　明	邵敏望
鞠庆麒	王文吉(女)	李金铠
孙颖洲	陈道夫	杨国栋
闻建勋	虞积生	苏廷彦
张继东	张秉令	姜信真
徐灌纬		

秘书长:赵伟之

注1:在九三学社八届三中全会上,赵伟之被增补为九三学社中央委员会副主席。

注2:在九三学社八届中央委员会期间,陈忠(女)、刘思平、童宣明、杨培全、孙载坚、王留荣(女)、方广威被依次递补为中央委员。

九三学社中央参议委员会

（1988 年 12 月）

主　任：王淦昌

副主任：黄汲清　袁翰青　谢立惠　陈　立　高觉敷
陈恩凤　侯宗濂　笪移今　启　功　刘及辰
李　毅

常务委员：（按姓氏笔画为序）

王应睐　王际强　王季午　王泽农　邓家栋
曲仲湘　朱弘复　李庆逵　陈　植　吴于廑
洪铭声　罗登义　金克木　金显宅　徐眉生
陶葆楷　程绍迥　程裕淇　魏寿昆

委　员：（按姓氏笔画为序）

万　昕　王竹亭　王回珠（女）王应睐　王际强
王季午　王泽农　王淦昌　韦振鹏　邓家栋
叶佩华　叶恭绍（女）乐以成（女）乐怡然　曲仲湘
吕忠恕　朱弘复　朱物华　刘及辰　庄圻泰
关实之　许继曾　李　毅　李庆逵　李浩培
李贵真（女）杨遵仪　吴于廑　肖　蔚　肖　璋
启　功　沈寿铨　何怡贞（女）张光斗　张伯声
张洪沅　陈　立　陈　章　陈　植　陈子展
陈友端　陈志安　陈志潜　陈恩凤　陈王善继
范济洲　罗登义　周　尧　周廷儒　周志宏

周裕德　　金克木　　金显宅　　季毓彪　　郑华炽
郑作新　　孟宪德　　孟昭英　　赵富鑫　　胡志彬
胡厚宣　　侯宗濂　　俞平伯　　施锡恩　　洪铭声
袁见齐　　袁翰青　　贾兰坡　　秦含章　　钱钟韩
钱祖恩　　倪葆春　　徐贤恭　　徐诵明　　徐眉生
高觉敷　　郭秉宽　　唐长孺　　唐振绪　　陶葆楷
黄汲清　　黄绍鸣　　笪移今　　梁绍造　　董树屏
彭光钦　　韩德培　　程绍迥　　程裕淇　　谢立惠
鲍觉民　　谭其骧　　魏寿昆

秘书长：李　毅（兼）

九三学社第九届中央委员会

（1992 年 12 月）

名誉主席：周培源　严济慈　金善宝

主　席：吴阶平

副主席：徐采栋　郝诒纯（女）　安振东　王文元　杨　樾
陈明绍　陈学俊　赵伟之　洪绂曾　金开诚
王　选（注1）　黄其兴（注1）

常务委员：（按姓氏笔画为序）

王　选（注1）　王文元　王丙戌　王辉丰
左明生　田麦久　师昌绪　刘邦瑞
刘应明（注1）　刘荣汉　安振东　许香谷

孙曾一	李 毅	杨 樞	杨光华
吴阶平	吴若秋(注2)	何浣芬(女)	宋则行
汪 愚(注2)	陈 杰	陈 忠(女)	陈明绍
陈学俊	陈善明	周 翔(女)(注1)	周明镇
金开诚	金国芬(女)	赵伟之	郝诒纯(女)
洪绂曾	姜信真	徐采栋	高继中(注2)
唐立民	黄其兴	梅祖彦	董耐芳(女)
彭司勋	曾近义	谢丽娟(女)	阙端麟
廖延雄	潘蓓蕾(女)	戴 斌(女)	

委　员:(按姓氏笔画为序)

刁培德	于宗周(注2)	马 赫	王 选
王 勉	王一飞	王文元	王汉生
王丙戌	王永安	王幼辉	王成堂
王秀华(女)	王明时	王季卿	王贤才
王留荣(女)	王家骅	王辉丰	王毓岳
王德元	牛 今	方 强	邓汉馨
邓浦东(注2)	尹文英(女)	左明生	龙献福
田麦久	叶 飞	叶育林	叶雄干
冯 容(女)	邢如莲(女)	师昌绪	朱家琪
朱舜奇	刘 波	刘北辰(注2)	刘邦瑞
刘应明	刘国均	刘秀晨	刘思平
刘荣汉	刘荣熙	刘振中	刘淑莹(女)
安振东	庄启谦	许香谷	许根俊
祁龙威	阮雪榆(注1)	孙大中(注1)	孙心一(注2)

孙载坚	孙曾一	孙颖洲	严庆汉
李　平(女)	李　毅	李永昌	李昌达
李金铠	李美南	李泰谦	李新洲
杨　檦	杨光华	杨国栋	杨宗义
杨勇在	杨培全	苏廷彦	吴　翼
吴阶平	吴若秋	吴雅南(女)	吴震春
邱大洪	何知凡	何思勇	何浣芬(女)
闵乃本[注1]	宋则行	汪　愚	汪大成
汪庆桓	沈根荣	沈静珠(女)	张　涛
张友隽	张伯伦	张冷松(女)	张叔英
张荣祥	张树臣	张重超	张祖光
张继东	邵敏望	陆龙文	陆敬业
陈　杰	陈　忠(女)	陈　端(女)	陈心昭
陈明绍	陈秉聪	陈学俊	陈培尧
陈善明	林树彫	范滇元[注1]	罗锡恩[注2]
周　翔(女)	周大炎	周与良(女)	周用权
周弘初(女)	周明镇	周家纯	金开诚
金国芬(女)	郑正炯	郑英铭	孟庆闻(女)
赵　华	赵　俊	赵廼岩	赵丛礼
赵伟之	赵安泰	赵奇僧[注2]	赵柏林
郝诒纯(女)	胡同光	胡剑虹	项宗筠(女)
钟启承	俞夕云(女)	俞绍鑫	俞德祺
洪绂曾	洪健尔(女)	姜虹飞	姜信真
施润昌	袁乃勤	袁龙蔚	夏　明

夏洪生	贾　均	秦　京	钱荫愉(女)
倪正茂	徐有恒	徐兆骥	徐采栋
徐宗俊	徐唐龄	徐润芳(女)	翁祖泽
殷若男(女)	高　庆(女)	郭重庆(注2)	高振元
高继中	涂友仁	涂光备	唐立民
黄玉生	黄宁一	黄其兴	黄明度
黄蕴慧(女)	黄懋衡(女)(注2)	曹一南	曹赤阳
曹楚南	梅祖彦	龚振栋	章惠民
彭司勋	董耐芳(女)	蒋次鹏	葛仁勇
傅璇琮	曾近义	曾陇梅	童宣明
谢丽娟(女)	赖在抗	虞积生	阙端麟
蔡秉久	蔡顺养	裴　桂(女)	廖延雄
潘蓓蕾(女)	鞠庆麒	戴　斌(女)	魏成寿(注2)
魏蕴瑜(女)			

候补委员:(按得票多少为序)

肖玉麟(注3)	宋彭生(注3)	张铁良(注3)	王建东(注3)
欧阳城(注3)	马荣麟(注3)	朱涵华(注3)	何思勇(注3)
马鸣图(注3)	王绍豪(注3)	方广威	张秉令
茅泉清	王文吉(女)	李一鸣	安南娜(女)
陈道夫	曾云中	闻建勋	严　巍(女)
孟宪显	何克诚	周广福	王　晖(女)

秘书长:刘荣汉

注1:在九三学社九届四中全会上,王选、黄其兴被增补为九三学社中央副主席;王选、刘应明、周翔被增补为九三学社中央常委。在九三学社九届四中全委扩大会议上,王选、刘应明、阮雪榆、孙大中、闵乃本、范

滇元当选为九三学社中央委员。

注2:在九三学社九届五中全会上,吴若秋、汪愚、高继中被增补为九三学社中央常委。在九三学社九届五中全委扩大会议上,于宗周、邓浦东、刘北辰、孙心一、罗锡恩、赵奇僧、郭重庆、黄懋衡、魏成寿被增补为九三学社中央委员。

注3:在九三学社九届中央委员会期间,肖玉麟、宋彭生、张铁良、王建东、欧阳城、马荣麟、朱涵华、何思勇、马鸣图、王绍豪被依次递补为中央委员。

九三学社中央参议委员会

(1992年12月)

主　任:王淦昌

副主任:黄汲清　袁翰青　柯　召　谢立惠　陈　立
高觉敷　陈恩凤　笪移今　启　功　葛庭燧
方　亮　李　毅

常务委员:(按姓氏笔画为序)

王文义	王庆延	王应睐	王际强	王季午
王泽农	王祖农	王淦昌	方　亮	邓家栋
卢士谦	朱弘复	朱祖祥	刘建康	严仁英(女)
李　毅	李庆逵	李孝芳(女)	杨曾艺	吴　桢
吴于廑	启　功	张德仁	陈　立	陈　植
陈恩凤	罗登义	金克木	郑国锠	赵士杰
柯　召	姚奠中	袁翰青	徐尚志	高觉敷

黄汲清　笪移今　蒋次升　葛庭燧　傅世春
程绍迥　程裕淇　谢立惠　虞颂庭　薛公绰
磨文彪　魏寿昆

委　员：（按姓氏笔画为序）

万　昕	云　汉	王文义	王回珠（女）
王庆延（女）	王应睐	王际强	王季午
王泽农	王祖农	王祖骥	王淦昌
王德林	方　亮	邓家栋	卢士谦
卢鹤绂	叶恭绍（女）	乐以成（女）	乐怡然
朱弘复	朱物华	朱祖祥	刘建康
庄圻泰	汤定元	牟小东	阴法鲁
严仁英（女）	李　毅	李庆逵	李孝芳（女）
李宗明	李浩培	李贵真（女）	李继华
李赋宁	杨曾艺	杨菊香（女）	杨遵仪
吴　桢	吴于廑	吴廷椿	肖　璋
何怡贞（女）	何家泌	启　功	宋汝良
沈良祥	张光斗	张伯声	张德仁
陈　立	陈　植	陈友端	陈志安
陈志潜	陈恩凤	陈王善继	陆光庭
青莱藻	范子昌	范济洲	罗蛰潭
罗登义	尚天裕	周　尧	周裕德
金克木	季毓彪	郑作新	郑国锠
孟宪德	孟昭英	赵士杰	赵富鑫
胡志彬	胡厚宣	柯　召	姚奠中

袁翰青　　贾兰坡　　秦含章　　钱　礼
钱钟韩　　倪葆春　　徐　僖　　徐尚志
徐贤恭　　高由禧　　高觉敷　　唐长孺
唐有祺　　唐振绪　　黄汲清　　黄绍鸣
黄致甲　　笪移今　　梁绍造　　隆言泉
董树屏　　蒋次升　　葛庭燧　　韩德培
傅世春　　程绍迥　　程裕淇　　谢义炳
谢立惠　　鲍觉民　　虞颂庭　　楚九英
裴尚同　　潘絜兹　　薛公绰　　磨文彪
魏寿昆

秘书长：李　毅（兼）

九三学社第十届中央委员会

（1997 年 11 月）

名誉主席：王淦昌

名誉副主席：徐采栋　柯　召　郝诒纯（女）　杨　樗　陈明绍　陈学俊

主　席：吴阶平

副主席：王文元（常务）　安振东　赵伟之　洪绂曾
金开诚　王　选　黄其兴　刘应明
闵乃本　谢丽娟（女）　陈抗甫（注1）　韩启德（注1）

常务委员：（按姓氏笔画为序）

王　选	王文元	王幼辉	王明时
王辉丰	邓浦东	冯培恩	卢光琇（女）
田麦久	刘北辰	刘应明	刘荣汉
刘淑莹（女）	安振东	吴阶平	吴若秋
宋彭生	张　涛	李慧珍（女）	杨光华
汪　愚	沈根荣	闵乃本	陈　忠（女）
陈心昭	陈抗甫（注1）	陈家骅	周　翔（女）
罗锡恩	郑楚光	金开诚	姜信真
洪绂曾	赵　俊	赵伟之	赵奇僧
徐宗俊	高继中	黄其兴	黄明度
黄懋衡（女）	龚振栋	韩启德（注1）	谢丽娟（女）
阙端麟	潘蓓蕾（女）		

委　员：（按姓氏笔画为序）

刁培德	于宗周	于洪保	于建华（女）（注2）
寸镇洋	马鸣图	孔祥正	方　强
王　选	王　晖（女）	王　键	王习三
王文元	王文吉（女）	王世平	王幼辉
王永学	王汉生	王成堂	王志忠
王建东	王明时	王绍豪	王贤才
王迪吉	王留荣（女）	王辉丰	王锋鹏
王福年	王毓岳	邓浦东	乐国安
冯　容（女）	冯宗纯	冯培恩	卢　柯
卢光琇（女）	史建平	叶雄干	平其能

田玉科（女）	田麦久	申　丹（女）	龙献福
刘　波	刘　庸	刘北辰	刘石民
刘祁涛	刘应明	刘秀晨	刘迎龙
刘荣汉	刘淑莹（女）	孙心一	安振东
许九君(注2)	庄启谦	朱荫湄（女）	朱涵华
朱淼良	朱舜奇	许根俊	阎则新
阮雪榆	严　巍（女）	严庆汉	何永康
何玉成	何克诚	何思勇	余文莉（女）
余贤著	余道虎(注2)	利光裕	吴阶平
吴泽浩	吴若秋	吴雅南（女）	吴博威(注2)
宋晓华（女）	宋彭生	张　涛	张化本
张友隽	张伟玦（女）	张伯伦	张叔英
张庙康	张咸成	张祖光	张祖南
张继东	张铁良	张新环	李　平（女）
李　惟	李一鸣	李仁霖	李志伟
李金生	李泰谦	李铭陶	李新洲
李瑞吉	李慧珍（女）	杨光华	杨国栋
杨宗义	杨勇在	杨培全	杨湘宁
杨雄里(注2)	杨肇键	杨慧琼（女）	汪　愚
汪大成	汪庆桓	沈　灏	沈力生
沈根荣	沈淬明（女）	沈静珠（女）	邱大洪
邵敏望	闵乃本	陆龙文	陈　忠（女）
陈　端（女）	陈心昭	陈抗甫	陈奇男
陈明仪	陈重明	陈家骅	陈振中(注2)

陈振华	陈培尧	陈惠彬（女）	周　翔（女）
周大炎	周广福	周弘初（女）	周用权
周家纯	周舜武	庞之垣	林作楫
林祥钦	欧阳城	罗立民	罗锡恩
范滇元	郑之明	郑法雷	郑祖康
郑楚光	金开诚	金国芬（女）	侯义斌
姚庆六	姚珍薇（女）	姜成林	姜信真
施引萱	柳恩梅	洪绂曾	洪健尔（女）
祝明仁	胡　平	胡安美（女）	胡剑虹
费岳峰	贺　铿	赵　匀（注2）	赵　华
赵　俊	赵廼岩	赵伟之	赵奇僧
赵柏林	赵维炳	闻建勋	倪正茂
夏　明	徐兆骥	徐宗俊	徐迪民
徐唐龄	栾今伟	涂光备	翁祖泽
贾　均	郭重庆	钱光浒	钱荫愉（女）
陶夏新	高　庆（女）	高继中	曹楚南
章锦湘（女）	章履孝	黄宁一	黄玉生
黄其兴	黄明度	黄秉来	黄润秋
黄逢春	黄懋衡（女）	龚振栋	傅璇琮
曾云中	程顺和	童宣明	葛仁勇
蒋次鹏	谢小军	谢丽娟（女）	韩启德
虞积生	赖　明	赖在抗	阙端麟
裴　桂（女）	潘蓓蕾（女）	黎宝松	穆西南
戴　斌（女）	鞠庆麒	魏尔清	魏成寿

秘书长:刘荣汉

注1:在九三学社十届四中全会上,韩启德被增补为九三学社中央常委;陈抗甫、韩启德被增补为九三学社中央副主席。

注2:在九三学社十届五中全委扩大会议上,于建华、许九君、余道虎、吴博威、杨雄里、陈振中、赵匀被增补为九三学社中央委员。

九三学社第十一届中央委员会

(2002年12月)

名誉主席:吴阶平

名誉副主席:王文元　徐采栋　杨　槱　陈明绍
陈学俊　赵伟之　黄其兴

顾　问:(按姓氏笔画为序)

方　亮　师昌绪　安振东　汤定元　李　毅　启　功
张光斗　陈　立　陈恩凤　唐有祺　魏寿昆
洪绂曾(注1)　金开诚(注1)　闵乃本(注1)

主　席:韩启德

副主席:王　选　陈抗甫(常务)　洪绂曾(注1)　金开诚(注1)
刘应明　闵乃本(注1)　谢丽娟(女)　冯培恩
贺　铿(注2)　王志珍(女)(注3)　邵　鸿(注3)

常务委员:(按姓氏笔画为序)

王　选　王志珍(女)(注3)　王林旭　王辉丰
卢光琇(女)　田麦久　丛　斌　冯培恩
刘石民　刘应明　刘政奎　刘鸿庥(女)

刘淑莹(女)　李仁霖　李慧珍(女)　严　俊
吴博威　闵乃本　沈根荣　宋彭生
张　涛　张化本　张桃林　陈心昭
陈永川　陈抗甫　陈家骅　邵　鸿
罗锡恩　金开诚　郑祖康　郑楚光
赵　俊　洪绂曾　姚志彬　贺　铿
袁汉民　徐国权　韩启德　韩忠朝
曾　华　谢小军　谢丽娟(女)　蔡秋芳(女)
熊黑钢　潘蓓蕾(女)

委　员：(按姓氏笔画为序)

于建华(女)　于洪保　寸镇洋　万洪富
马鸣图　马驷良　支建华　王　选
王　晖(女)　王　琳(女)(注4)　王　键　王力力
王元丰　王云龙　王永学　王亚军(注4)
王亦凡(女)　王志平　王志珍(女)(注4)　王志新
王林旭　王迪吉　王祖申　王智彪
王辉丰　王锋鹏　王毓钟　王撷秀(女)
邓浦东　平其能　卢　柯　卢光琇(女)
叶　真　田玉科(女)　田麦久　申　丹(女)
史苑芗　丛　斌　包宗顺　乐国安
冯培恩　边占喜　朱大保　朱荫湄(女)
朱祖德　朱涵华　朱淼良　刘　庸
刘　斌(女)(注4)　刘石民　刘志仁　刘秀晨
刘迎龙　刘应明　刘建军　刘建明

刘政奎	刘鸿庥(女)	刘淑莹(女)	刘滇生
米志芳(女)	许　皞	许九君	许仲梓
许政暟	阮康成	孙　彦	孙运锋
孙柏林	杜德志[注4]	杨慧琼(女)	杨雄里
杨湘宁	李　林	李　彬	李仁霖
李玉浸	李华栋	李有泉[注4]	李安民
李佐成	李志澄	李定国	李忠湧
李柏林	李新洲	李慧珍(女)	严　俊
严　巍(女)	吴坚强	吴泽浩	吴金明
吴博威	何玉成	何永康	邱　玫(女)
邱道持[注4]	邱树毅	余道虎	辛　华
闵乃本	沈　灏	沈启贤	沈根荣
沈祥熙	宋丽英(女)	宋晓华(女)	宋彭生
张　涛	张　健[注4]	张三力	张大才
张大方	张凤宝	张化本	张伟玦(女)
张和平(女)[注4]	张学栋	张延庆	张建申
张钟宁	张桃林	张培军	陈　宁[注4]
陈　达	陈　栋	陈　敏(女)	陈义华
陈心昭	陈玉斌[注4]	陈代杰	陈永川
陈抗甫	陈振中	陈振华	陈家骅
陈惠彬(女)	欧阳建平[注4]	姒健敏	邵　鸿
邵峰晶(女)	林　琳	林大坚	林祥钦
范少辉	茅玉麟(女)	罗立民	罗锡恩
罗懋康	季金虎	季晓烨[注4]	金开诚

金幼菊(女)	周　杰	周　嫣(女)	周卫建(女)
周元菊(女)	周同甫	周如苹(女)	周国富
周建军	周浙昆	庞　达(注4)	庞学光(注4)
郑世钧	郑法雷	郑祖康	郑楚光
屈　谦	屈建军	孟　白	柳恩梅
胡　平	胡安美(女)	胡剑虹	赵　匀
赵　俊	赵　雯(女)	赵　韩	赵乃岩
赵维炳	赵维娜(女)	侯义斌	段　雄
洪三国	洪永成	洪绂曾	洪捷序
姜齐韬	姚庆六	姚志彬	姚珍薇(女)
贺　铿	贾殿赠(注4)	袁汉民	夏以群(女)
钱海鑫	倪正茂	徐士乔	徐国权
徐迪民	徐静琳(女)	翁祖泽	郭康权
高雅坤(女)	栾今伟	盛颂恩(注4)	陶夏新
黄　荣	黄　道	黄宗洪	黄润秋
黄培强	戚建庄	隋伟三	敬忠良
韩启德	韩忠朝	韩慎贵(注4)	彭喜元
葛均波	董大泉	董军社	蒋凤池
傅　丹(女)	傅承新	鲁建春	温　洋
曾　华	谢小军	谢丽娟(女)	赖　明
解士杰	蔡少青	蔡秋芳(女)	熊黑钢
黎宝松	颜家安	潘复生	潘蓓蕾(女)
穆西南	戴红兵(注4)	魏尔清	魏学峰

秘书长：徐国权

注1：在九三学社十一届四中全会上，洪绂曾、金开诚、闵乃本辞去九三学社中央副主席、常委、委员职务，被推举为九三学社中央顾问。

注2：在九三学社十一届二中全会上，贺铿被增补为九三学社中央副主席。

注3：在九三学社十一届四中全会上，王志珍被增补为九三学社中央常委；王志珍、邵鸿被增补为九三学社中央副主席。

注4：在九三学社十一届四中全委扩大会议上，王琳、王亚军、王志珍、刘斌、杜德志、李有泉、邱道持、张健、张和平、陈宁、陈玉斌、欧阳建平、季晓烨、庞达、庞学光、贾殿赠、盛颂恩、韩慎贵、戴红兵被增补为九三学社中央委员。

九三学社第十二届中央委员会

（2007年12月）

主　席：韩启德

副主席：王志珍（女）　陈抗甫（注1）　冯培恩（注2）　贺　铿　邵　鸿　谢小军　张桃林　赖　明　马大龙　丛　斌（注4）

秘书长：徐国权（注5）　邵　鸿（注3）

常　委：（按姓氏笔画为序）

马大龙　王宇田　王志珍（女）　王林旭

王随莲（女）　支建华　卢　柯　田玉科（女）（注9）

丛　斌　冯培恩　刘政奎　刘晓梅（注9）

刘鸿庥（女）　刘新乐　刘滇生　许仲梓（注6）

严　俊　杜德志　李　彬　李华栋

张大方	张化本	张亚忠	张桃林
陈永川	陈抗甫	姒健敏	邵　鸿
武维华[注9]	周卫健(女)	郑祖康[注7]	郑楚光
姚志彬	赵　俊	赵　雯(女)	赵　韩
洪捷序	贺　铿	袁汉民	贾殿赠
徐国权	谢小军	陶夏新	黄润秋
韩启德	韩忠朝	曾　华	赖　明

委　员:(按姓氏笔画为序)

丁玉龙	马大龙	王　琳(女)	王　键
王力力	王元丰	王云月(女)	王云龙
王正刚	王训练	王永学	王亚军
王亦凡(女)	王江滨(女)	王宇田	王志玉
王志平	王志珍(女)	王志新	王林旭
王学求	王祖申	王随莲(女)	王辉耀
王智彪	王毓钟	支建华	巨拴科
文　文	方　炎	印　红(女)	边占喜
邓吉牛	平其能	卢　柯	申　丹(女)
叶　真	叶　勇	叶烈窑(女)	田玉科(女)
丛　斌	包宗顺	乐国安	冯守华
冯培恩	朱诚身	朱祖德	刘　伟(女)
刘　斌(女)	刘云艳(女)	刘月宁(女)	刘林平(女)
刘迎龙	刘国华	刘建军	刘建明
刘政奎	刘晓梅[注8]	刘鸿庥(女)	刘梦海
刘新乐	刘滇生	齐　新(女)	米志芳(女)

米烈汉	许　皞	许仲梓[注6]	邱　玫(女)
邱树毅	邱道持	阮康成	孙玉良
孙运锋	孙柏林	严　俊	严慧英(女)
杜德志	杨社堂	杨慧琼(女)	杨湘宁
李　彬	李广振	李玉浸	李有泉
李华栋	李安民	李昕欣	李佐成
李柏林	李国琳(女)	李忠湧	李定国
李振华	李新洲	吴　明(女)	吴坚强
吴金明	吴河勇	吴乾渝(女)	何彬生
辛　华	沈光明	沈祥熙	宋　飞(女)
宋丽英(女)	张　健	张大方	张化本
张凤宝	张红星	张亚忠	张其林
张和平(女)	张延庆	张学栋	张桃林
陈　宁	陈　东	陈　栋	陈　敏(女)
陈义华	陈玉斌	陈代杰	陈永川
陈江华	陈还堂	陈抗甫	姒健敏
邵　鸿	武维华[注8]	邵峰晶(女)	范少辉
茅玉麟(女)	林　琳	林　繁	林大坚
欧阳建平	罗卫红(女)	罗立民	罗晓明
罗懋康	季金虎	季晓烨	金　莉(女)
周　嫣(女)	周卫健(女)	周元菊(女)	周同甫
周国富	周建军	周浙昆	庞　达
庞学光	郑祖康	郑楚光	段　雄
屈　谦	屈建军	姚志彬	孟　白

封亚培	赵　炎	赵　俊	赵　雯(女)
赵　韩	赵海英(女)	赵维炳	胡安美(女)
顾也力	夏以群(女)	侯义斌	姜刚杰
姜齐韬	洪三国	洪捷序	贺　铿
袁汉民	贾殿赠	钱海鑫	徐国权
徐静琳(女)	栾　波	高　勇	郭粤梅(女)
郭康权	唐春发	谢小军	陶夏新
黄　道	黄兆鸽	黄宗洪	黄爱龙
黄润秋	黄培强	戚建庄	盛颂恩
常　旭(女)	章传芳(女)	彭喜元	蒋宇扬
蒋春澜	葛会波	葛均波	敬忠良
韩启德	韩忠朝	韩慎贵	程维明
傅　丹(女)	傅承新	曾　华	曾晓非(女)
温　洋	赖　明	解士杰	蔡少青
蔡建平	蔡鹏飞	廖昌永	颜家安
薛留增	潘建伟	潘复生	缴　远
戴红兵	戴晓雁	魏学峰	

注1:在九三学社十二届三中全会上,陈抗甫辞去九三学社中央副主席、常委、委员职务。

注2:在九三学社十二届四中全会上,贺铿辞去九三学社中央副主席、常委、委员职务。

注3:在九三学社第十二届中央常务委员会第六次会议上,任命邵鸿为秘书长。

注4:在九三学社十二届四中全会上,丛斌被增补为九三学社中央副主席。

注5:在九三学社第十二届中央常务委员会第六次会议上,免去徐国权秘书长职务。

注6:在九三学社十二届四中全会上,许仲梓被增补为九三学社中央常委。

注7:2011年11月8日,郑祖康同志逝世。

注8:在九三学社十二届五中全委扩大会议上,刘晓梅、武维华被增补为九三学社中央委员。

注9:在九三学社十二届五中全委扩大会议上,田玉科、刘晓梅、武维华被增补为九三学社中央常委。

当选为第一至十一届全国人大代表的九三学社社员名单

第　一　届

（1954 年 9 月）

上　海:陈建功

江　西:许德珩*

安　徽:梁　希　黎锦熙

浙　江:俞平伯　顾功叙

湖　北:薛　愚　涂长望

江　苏:周培源　潘　菽　茅以升*　金善宝　储安平

辽　宁:严济慈

贵　州:罗登义

河　南:杨钟健　张伯声

四　川:谢立惠　丁道衡　黄汲清　王怀琛

福　建:虞宏正

山　东：王家楫　徐佐夏

注：带*号者为全国人大常委，带★号者为全国人大常委会副委员长，以下同。

第　二　届

（1959年4月）

上　海：王怀琛　王淑贞（女）　陈建功　周志宏　颜福庆

山　东：张　玺　徐佐夏　徐眉生　冯沅君（女）

云　南：赵九章*

甘　肃：蒋次升

辽　宁：严济慈　李　薰

四　川：柯　召　侯德封　黄汲清　程绍迥　谢立惠

江　西：许德珩　吴学周

江　苏：李庆逵　金善宝　周培源　茅以升*　潘　菽
张汇兰（女）

安　徽：韦　滨　黎锦熙

河　北：张　岩

河　南：张伯声　杨钟健

浙　江：俞平伯　董聿茂　顾功叙　王季午

陕　西：陈大燮　虞宏正

湖　北：王家楫　涂长望　夏　坚　白鲍鼎

贵　州：罗登义

内蒙古：李继侗

第　三　届

（1964 年 12 月）

北　京：张光斗　严仁英（女）　黄　昆　魏建功

上　海：王怀琛　王淑贞（女）　王应睐　卢于道
卢鹤绂　朱物华　孙师白　周志宏
张汇兰（女）　陈　植　邹元爔
董承琅　谭其骧　颜福庆　戴　弘

河　北：尹赞勋　方先之　张　岩　俞德浚　姚哲明
顾宜孙　谢震亚

山　东：王　序　孙云铸　冯沅君（女）　张　玺　徐眉生
徐佐夏　郑麟蕃　羡书锦　赫崇本　许继曾
王世墉　刘瑞玉

山　西：徐荫祥　冯家升

陕　西：江仁寿　陈大燮　陈季丹　张伯声　侯宗濂
杨钟健　虞宏正　周　楫　姚　鋈　马桂馥

内蒙古：洪朝生

辽　宁：严济慈*　李　薰　师昌绪　何怡贞（女）
宋则行　陈恩凤　胡国栋　徐天锡　周明安
葛庭燧

吉　林：吴学周　陶慰荪　郑万钧

黑龙江：胡祥璧　严梅和

江　苏：周培源　潘　菽　茅以升*　金善宝　李庆逵
马溶之　王淦昌　卢衍豪　刘静宜　朱凤美
华兴鼐　张钰哲　陈邦杰　严　恺　罗清生
柳大纲　徐玉均　徐芝纶　顾知微　梅藉芳
奚元龄

浙　江：王季午　陈建功　俞平伯　顾功叙　董聿茂
朱　颜　陈世骧　钱祖恩　章　涛

江　西：许德珩

甘　肃：蒋次升　沈智扬　郑国锠

安　徽：黎锦熙　王泽农　卢　鋈　周怀衡　戚作钧
傅焕光　朱淇昌

河　南：周士礼　朱弘复　秦含章　蒋德麒

湖　北：王家楫　鲍　鼎　夏坚白　王竹溪

湖　南：吴树基　周行健　王槐三

四　川：柯　召　谢立惠　黄汲清　程绍迥　侯德封
乐以成　何文俊　吴锡瀛　郑兰华　郑衍芬
徐　僖　笪远纶　蒋导江　税西恒　唐　璞
杨鸿祖　韩惠卿（女）

广　东：邓家栋　沈济川　钟　麟

广　西：杨　浩

云　南：赵九章*　方国瑜

贵　州：罗登义　徐采栋　李贵贞（女）

第四届

（1975年1月）

北　京：许德珩★　周培源　茅以升*　严济慈*　金善宝
王淦昌*　魏建功　夏震寰　杨钟健　顾功叙

上　海：谭其骧　陈　植　董承琅　陈世骧

黑龙江：刘恢先

辽　宁：李　薰

河　北：尹赞勋　张　岩

山　东：高　亨

江　苏：张钰哲

浙　江：王季午　董聿茂

安　徽：王泽农

四　川：柯　召

云　南：方国瑜

甘　肃：郑国锠　蒋次升

第五届

（1978年2月）

北　京：许德珩★　尹赞勋　杨钟健　肖　伦　茅以升*

严仁英(女)　王淦昌*　严济慈*　顾功叙
金善宝　柳大纲　秦含章　李万新(女)
周培源*

上　海:陈　植　杨　槱　谭其骧　卢于道　董承琅
陈世骧　王应睐

河　北:农绍华　汪胡桢

陕　西:侯宗濂

山　东:徐眉生

江　苏:奚元龄　张钰哲　卢衍豪　李庆逵

广　东:钟　麟　黄友谋

四　川:徐　僖　柯　召　税西恒

辽　宁:师昌绪　宋则行　陈恩凤　葛庭燧　李　薰
任明道　胡国栋

黑龙江:刘恢先　张　琪

甘　肃:郑国锠　蒋次升

浙　江:王季午　董聿茂

云　南:方国瑜

安　徽:王泽农　周怀衡

贵　州:罗登义

吉　林:吴学周

湖　北:吴于廑

新　疆:陈善明

第　六　届

（1983 年 6 月）

北　京：许德珩★　严济慈★　金善宝　严仁英(女)
顾功叙　柳大纲　秦含章　王淦昌*　陈世骧
茅以升*

上　海：王应睐　陈　植　杨　槱　卢于道

天　津：刘兴宗

黑龙江：刘恢先　张　琪　安振东　洪宝源
黄嘉佑

吉　林：阎洪臣　陈秉聪　吴学周

辽　宁：陈恩凤　宋则行　胡国栋　师昌绪

河　北：杨乃俊*　王德林　董耐芳(女)　林祖賡

山　西：郭佩如(女)

山　东：康英宗　徐眉生　刘瑞玉　石珍荣(女)　章宗江
方国玺

江　苏：卢衍豪　李庆逵　钱元俊　张钰哲
殷若男(女)　钱家欢　吴光南

安　徽：王泽农　葛庭燧

浙　江：王季午　钱　礼　吴本忠　吴宏美　王重九
匡　衍　陈桥驿

河　南：孙善康　左明生　朱家琪　林作楫

湖　北：管汉屏

湖　南：张德仁　李津身

广　东：黄友谋　钟　麟

四　川：柯　召　王先俊　罗蛰潭　徐尚志　徐　僖
　　　　叶荫庭

广　西：玉　文

云　南：李榆仙（女）　王之化

陕　西：侯宗濂

甘　肃：李学禧

新　疆：陈善明

贵　州：罗登义

第　七　届

（1988 年 4 月）

北　京：严济慈★　徐采栋*　郝诒纯（女）*　吴阶平
　　　　严仁英（女）　顾功叙　梅祖彦　刘德珍

天　津：童宣明　黄任机

上　海：张友隽　张元震

黑龙江：刘恢先　安振东　洪宝源　杨景苏
　　　　贺俊修（女）　高振元

吉　林：陈秉聪　阎洪臣　康荣宦

辽　宁：宋则行*　陈恩凤　胡国栋　刘玄恭　员华亭

黎　鹏

河　北：董耐芳（女）*　王幼辉　赖在抗　郭佩珍

刘盛德　陈世堃

山　西：徐大毅

内蒙古：阙求豪　罗锡恩　贺　健

山　东：石珍荣（女）　康英宗　章宗江　陆光庭　于希宁

张树慈　　陈唯真　郝　斌　王世墉　刘瑞玉

江　苏：卢衍豪　李庆逵　钱家欢　殷若男（女）

赵寄石（女）　吴光南　魏绍芬（女）

福　建：龚一飞

浙　江：王季午　匡　衍　吴宏美　钱　礼　阙端麟

安　徽：葛庭燧

河　南：左明生　朱家琪　孙善康　林作楫

张秀清（女）　陈遒北（女）　戴　明　潘贤娣（女）

湖　北：何浣芬（女）*　吕承彦

湖　南：张德仁　朱怀安　徐唐龄　黄碧梧（女）

谭承伶（女）

广　东：叶雄干　林　枚（女）

广　西：文　戈（女）　张祖南

四　川：柯　召　徐尚志　徐　僖　罗蜇潭　叶荫庭

朱盛科　华德君　江泽佳　彭　健

贵　州：罗登义　安迪伟

云　南：青长庚

陕　西：王成堂　田家乐

甘　肃:刘　若(女)
青　海:钱国英(女)
新　疆:陈善明
海　南:梁茂寰

第　八　届

(1993 年 3 月)

北　京:严仁英(女)　梅祖彦
天　津:冯　容(女)
河　北:陈世堃　赖在抗　董耐芳(女)*　康庆德
　　　　杨肇健　毕又澄(女)
山　西:魏蕴瑜(女)
内蒙古:谢宏祖
辽　宁:刘玄恭　黎　鹏　葛晓光　洪承礼　王　臣
　　　　于建华(女)　刘铁华
吉　林:洪绂曾　刘淑莹(女)
黑龙江:安振东　杨景苏　高振元
上　海:吴阶平★　张友隽　张元震　王天铎
　　　　孙廷芳*
江　苏:吴光南　赵奇僧　范晋明　蔡秀民
　　　　魏绍芬(女)　潘一乐
浙　江:朱祖祥　杨国栋　严　巍(女)　章锦湘(女)

安　徽：陈心昭　陈培尧

福　建：龚一飞　陈慧珠（女）

江　西：叶如美（女）

山　东：张树慈　高仁人　高　敏（女）　王　丽（女）
陆俊仪（女）　周广福

河　南：林作楫　马瑞雯（女）　左明生　陈遒北（女）
戴　明　王留荣（女）

湖　北：郝诒纯（女）*　何浣芬（女）*

湖　南：徐唐龄　周理查　周宇平　谭承伶（女）

广　东：叶雄干　李泰谦

广　西：张祖南　高成芝（女）

四　川：朱盛科　杨宗义　徐宗俊　欧阳城
任作瑛（女）　徐尚志　徐　僖　柳恩梅

贵　州：徐采栋*

云　南：青长庚

陕　西：李成博　王成堂　王世臣

青　海：宋彭生

宁　夏：汪　愚*

新　疆：陈善明

第　九　届

（1998 年 3 月）

北　京：王　选*　李铭陶　洪绂曾*

天　津：王明时*

河　北：王幼辉*　陈世堃曲　修　霞(女)　佟淑芸(女)
赵　军　赵殿轩　康庆德　赖在抗

山　西：董　昭(女)

内蒙古：吕秋娥(女)　谢宏祖

辽　宁：于建华(女)　王秀芬(女)　吴学锋　高继中

吉　林：刘淑莹(女)

黑龙江：沈根荣　迟夙生(女)　周元生

上　海：吴阶平★　张友隽

江　苏：许仲梓　赵奇僧　钱海鑫　蔡秀民　潘一乐
穆西南

浙　江：杨国栋　沈静珠(女)　汪惠芳(女)
章锦湘(女)

安　徽：陈心昭*　张秉臣

福　建：陈慧珠(女)

江　西：叶如美(女)

山　东：王　丽(女)　王启成　吴卫平　吴泽浩
邵峰晶(女)　晁中胜　高仁人　董翠娜(女)
蔡秋芳(女)

河　南：王留荣(女)　刘敏珊(女)　林作楫

湖　北：田玉科(女)*　刘　鹏

湖　南：马　英(女)　刘冬荣(女)　李慎典

广　东：叶雄干　申　丹(女)　李沛然

广　西：卢丽芬(女)　陆宁宁(女)　张祖南

重　庆：姚珍薇(女)

四　川：王安的(女)　朱盛科　任作瑛(女)　刘应明*
何成礼　杨宗义　欧阳城　张良鹤

贵　州：李金生

陕　西：王戍堂　李成傅　陈宜亨　周卫建(女)

新　疆：高建功

第　十　届

(2003 年 3 月)

北　京：李铭陶　张钟宁

天　津：宁书辰

河　北：申桂茹(女)　丛　斌*　曲修霞(女)
佟淑芸(女)　赵　军　赵殿轩　康庆德

山　西：王毓钟

内　蒙：吕秋娥(女)

辽　宁：于建华(女)　石　英(女)　李福东
张桂平(女)

吉　林：刘淑莹(女)

黑龙江：韩启德★　沈根荣　迟夙生(女)

上　海：王恩多(女)　李定国　褚君浩

江　苏：冯　义　朱晓敏　严　俊　赵长胜　钱海鑫
潘一乐　穆西南　张湘宁

浙　江:朱荫湄(女)　汪惠芳(女)
安　徽:朱震刚　徐景龙
福　建:陈惠珠(女)
江　西:蒋凤池
山　东:王元成　王　丽(女)　王启成　车纯滨
吴泽浩　邵峰晶(女)　董翠娜(女)
蔡秋芳(女)
河　南:王坤波　刘敏珊(女)
湖　北:田玉科(女)*　刘　鹏　贺　铿*
郭粤梅(女)　戴丽莉(女)
湖　南:刘冬荣(女)　李　华　田大伦(女)
广　东:申　丹(女)　陈　敏(女)
广　西:陆鸣林　林　繁　周建军
重　庆:潘复生　杨晓碧(女)
四　川:刘应明*　何成礼　崔富华(女)　熊仿秋(女)
贵　州:侯义斌*
云　南:周浙昆
陕　西:陈宜亨　周卫健(女)　郑粉莉(女)
宁　夏:袁汉民*

第十一届

(2008 年 3 月)

天　津:张凤宝
河　北:丛　斌　王学求　史书娥(女)　刘志新　祁万利

张志刚　潘秀芬(女)　黄　荣

山　西：李青山　　张钟宁

内蒙古：吕秋娥(女)

辽　宁：石　英(女)　　张桂平(女)

吉　林：王江滨(女)

黑龙江：孙桂玲(女)　迟夙生(女)

上　海：王恩多(女)　贾伟平(女)　褚君浩

江　苏：杨　群　张湘宁　赵长胜(满族)　钱海鑫　颜　开

浙　江：韩启德★　姒健敏　王梅珍(女)　汪惠芳(女)

徐秋芳(女)

安　徽：徐景龙　卢　凌(女)　苏学云(女　回族)

罗　平(女)

福　建：赵　静(女)

山　东：王随莲(女)　　邵峰晶(女)　　王　丽(女　回族)

董翠娜(女)　　王元成　　王启成

河　南：游吟歌(女　土家族)

湖　北：田玉科(女　土家族)　　郭粤梅(女)

湖　南：贺　铿　　李　华

广　东：王　东　申　丹(女)　邱　玫(女)　陈　敏(女)

广　西：陆鸣林(壮族)　林　繁(壮族)　周建军

重　庆：谢小军

四　川：王明雯(女　彝族)　王　瑜　　沈光明　　罗毅平

崔富华(女)　　侯义斌

贵　州：吕建军(女)　　祝德光(苗族)

陕　西：周卫健(女)　　郑粉莉(女)

担任第一至十一届全国政协委员的九三学社社员名单

第　一　届

（1949 年 9 月）

九三学社：

许德珩（委员）*　黎锦熙（委员）　袁翰青

吴藻溪　薛　愚　叶丁易（候补）

自然科学团体：

梁　希（委员）　茅以升　严济慈　涂长望

教育界：陈鹤琴

新闻界：储安平（候补）

自由职业界：孙荪荃（女）

社会科学界：樊　弘（委员）

宗教界：张雪岩

无党派民主人士：王之相

特邀人士：卢于道　谢家荣

注：中国人民政治协商会议第一届全体会议当时代行全国人民代表大会职权，故全体参加人员称为代表。会上全体代表选举产生了第一届委员会。为了反映这一情况，此处将所有参加本届大会的九三学社社员全部列上。括号注明“候补”者为候补代表，其余为正式代表。括号注明“委员”者为本届会议上当选的委员。带＊号者为全国政协常委，带★号者为全国政协副主席，以下同。

第　二　届

（1954 年 12 月）

九三学社：

许德珩* 　涂长望　黎锦熙　税西恒　卢于道

袁翰青　孙承佩　劳君展（女）　裴文中　王之相

高觉敷　孙荪荃（女）

自然科学团体：

梁　希* 　茅以升　赵九章　吴学周　周拾禄

宋叔和　谢家荣　蔡方荫

教育界：

陈鹤琴　陆侃如　刘锡瑛　尹赞勋

辛树帜　胡庶华

社会科学团体：楼邦彦

医药卫生界：金宝善　侯宗濂

民主妇联：严仁英（女）　曾昭燏（女）

民主青年：郝诒纯（女）

社会救济福利团体：颜福庆

特邀人士：

董渭川　李　薰　刘静宜(女)　孙云铸　侯德封
王淦昌　朱物华

第　三　届

(1959 年 4 月)

九三学社：

干　铎　方　亮　王之相　卢于道　刘恢先
孙承佩　乔启明　劳君展(女)　陈　立　陈恩凤
金克木　周培源*　茅以升　袁翰青　许德珩*
游国恩　黄友谋　税西恒　裴文中　薛　愚

社会科学团体：韩寿萱

科学技术协会：

王淦昌　尹赞勋　卢　鋈　刘恩兰(女)　宋叔和
孙云铸　陈世骧　陈　嵘　吴学周　张钰哲
赵九章*　蔡方荫　谢家荣

教育界：

王　琎　刘锡瑛　曲仲湘　朱物华　辛树帜
陈鹤琴　胡庶华　黄叔培　顾宜孙

医药卫生界：方先之　余　潤　侯宗濂

文学艺术界联合会：卫仲乐

台湾民主自治同盟：陈文彬

中华全国青年联合会：李　林（女）

中华全国妇女联合会：严仁英（女）　曾昭燏（女）

对外和平团体：程希孟

特邀人士：

伍献文　李祖荫　邹秉文　袁敦礼　沈济川

黄子卿　杨祟瑞　董渭川　李学海　郑辟疆

第　四　届

（1964 年 12 月）

九三学社：

方　亮　王之相　刘恢先　许德珩★　乔启明

孙承佩　劳君展（女）　李　毅　陈立陈　鹤琴

茅以升　金克木　周培源*　袁翰青　游国恩

黄友谋　程希孟　裴文中　薛公绰　薛　愚

文学艺术界联合会：卫仲乐

科学技术协会：

刘恩兰（女）　关绍宗　朱惠方　宋叔和　陈芳允

陈　嵘　程裕淇　谢家荣

社会科学团体：韩寿萱

教育界：

王　琎　刘锡瑛　曲仲湘　辛树帜　胡庶华

章守玉　黄叔培

医药卫生界:余　濆

台湾民主自治同盟:陈文彬

特邀人士:

万　昕　王文义　王诗恒(女)　邓金鎏　吕斯百
伍献文*　孙廷芳　李学海　杨祟瑞　邹秉文
郑辟疆　茅以新　罗绳武　袁敦礼　顾启文
顾家杰　黄子卿　董渭川　潘孝硕

第　五　届

(1978年2月)

北　京:

许德珩★　周培源★　潘菽*　茅以升　孙承佩*
金克木　裴文中　李　毅　薛公绰　游国恩
袁翰青　薛　愚　黎锦熙　黄子卿　王竹溪
朱弘复　朱惠方*　洪朝生　程裕淇　邹秉文
张光斗　俞平伯　顾家杰　唐振绪　王　序
王之相　卢　鋈　严梅和(女)　杨祟瑞(女)　黄　昆*
黄汲清*　郑万钧　侯德封*　王诗恒(女)　陈文彬
李　林(女)　吴磊伯　吴阶平　徐荫祥　潘孝硕
茅以新　陈明绍　程绍迥　徐诵明　金宝善
启　功　顾执中

上　海：

卢鹤绂　周志宏　卫仲乐　汤定元　张汇兰（女）

邹元爔　邹承鲁　余　溃　朱物华　黄叔培

王淑贞（女）　陈涵奎　孙师白　孙廷芳　陈瑞铭

笪移今

天　津：吴廷椿　徐　中　尚天裕

陕　西：张伯声　宋叔和　蒋德麒　方　亮　钟兆琳

江　苏：陈鹤琴　顾知微　梅藉芳　陈　嘉　徐芝纶

浙　江：陈　立　朱新予　吴本忠　朱祖祥　钱祖恩

马湘平

湖　北：伍献文*

安　徽：万　昕　蔡秉久　戚作钧

云　南：曲仲湘　唐　耀

山　东：许继曾

甘　肃：王文义

四　川：韩惠卿（女）　王际强　郑衍芬　乐以成（女）

谢立惠　　杨洪祖

黑龙江：徐邦裕　胡祥璧　赵士杰

吉　林：陶慰荪（女）　刘恩兰（女）

湖　南：王槐三

宁　夏：宋汝良

贵　州：徐采栋

江　西：孙泽瀛

河　北：张　宁

第　六　届

（1983 年 6 月）

北　京：

王之相　王竹亭　王世襄　王　序*
王诗恒（女）邓家栋　尹赞勋　左景伊
叶恭绍（女）*　朱弘复　孙承佩*　李孝芳（女）
李　林（女）　李　毅*　严梅和（女）　吴阶平
吴磊伯　邹秉文　邹承鲁　启　功
宋叔和　陈明绍　张光斗　茅以升★（注）
茅以新　尚天裕　金开诚　金克木
金宝善　周明镇　周培源★　胡祥璧
赵伟之　郝诒纯（女）*　俞平伯　洪朝生
袁翰青*　顾执中　徐荫祥　高振西
唐有祺　唐振绪　陶葆楷　梅祖彦
黄汲清*　黄　昆*　程绍迥　程裕淇*
袭祖源　樊　弘　潘孝硕　潘　菽*
薛公绰　薛　愚　程开甲

上　海：

卫仲乐　王壮飞　王德宝　卢鹤绂
朱物华　汤定元　孙廷芳　邹元爔
孟庆闻（女）陈涵奎　陈兼善　笪移今

董方中　　张叔英　　严东生

天　津：吴廷椿　金显宅*　　黄其兴

黑龙江：赵士杰　徐邦裕

吉　林：卢士谦

河　北：王绪捷　刘可栋　　苏英俊　　王幼辉　　杜孟庸

蒋守规

山　西：姚奠中

山　东：许继曾

江　苏：钱钟韩　顾知微　　陈　嘉　　徐芝纶　　梅藉芳

时　钧　吴震春

安　徽：蔡秉久　吴　翼

浙　江：陈　立　朱新予　　朱祖祥　　钱祖恩　　马湘平

邓汉馨　阙端麟

江　西：廖延雄　王贤才

湖　北：韩德培　何浣芬（女）伍献文　　曹乐安

广　东：曾近义

四　川：王际强　刘宜伦　　韩惠卿（女）季毓彪　　杨洪祖

乐以成　谢立惠

贵　州：冯　楠　金大雄　　安迪伟　　韦国仁

云　南：曲仲湘　唐　耀　　赵丛礼

陕　西：方　亮　周尧钟　　兆　琳　　蒋德麒

甘　肃：吕忠恕

宁　夏：宋汝良

内蒙古：陈　杰

青　海：曹兆汉

新　疆：景云瑞

辽　宁：隋铭珊

河　南：朱家琪　徐传俭

注：在全国政协六届二次会议上，茅以升被增选为全国政协副主席。

第　七　届

（1988 年 3 月）

北　京：

周培源★	孙承佩*	赵伟之*	李　毅*
叶恭绍（女）*	启　功*	张光斗*	袁翰青*
唐有祺*	唐振绪*	黄　昆*	黄汲清*
程裕淇*	金开诚*	田麦久*	潘　菽
陈明绍	李孝芳（女）	金克木	薛公绰
李　林（女）	邹承鲁	宋叔和	周明镇
洪朝生	王世襄	俞平伯	胡祥璧
王竹亭	左景伊	王诗恒（女）	尚天裕
郭肖容（女）	武季梅（女）	王振纲	严庆汉
钟品仁	侯建存	钱宇平	李敏华（女）
程开甲	洪绂曾		

天　津：金显宅*　周与良（女）*　吴廷椿　黄其兴　宋汝良

上　海：

杨　槱*　严东生*　汤定元*　孙廷芳*　笪移今

卢鹤绂　王壮飞　陈涵奎　王德宝　孟庆闻(女)
董方中　张叔英　翁曙冠　张鉴祖

黑龙江:赵士杰　徐邦裕

吉　林:卢士谦

辽　宁:唐立民　王文元*

河　北:王绪捷　刘可栋　蒋守规　苏英俊
杜孟庸(女)　王习三

山　西:姚奠中

内蒙古:钱君伟　张　健

山　东:王祖农　苏应衡

江　苏:钱钟韩　顾知微　徐芝纶　时　钧　吴震春
彭司勋　曹赤阳

安　徽:吴　翼　蔡秉久

浙　江:陈　立　马湘平　邓汉馨　黄小英

江　西:廖延雄*　王贤才　余南廉

福　建:庄启谦

河　南:徐传硷　艾宏韬　蒋　全(女)

湖　北:韩德培　曹乐安

湖　南:袁龙蔚

广　东:曾近义*　曾陇梅　邱洛琳(女)

四　川:谢立惠　刘宜伦　季毓彪　许香谷　凌一揆
陆干甫

贵　州:冯　楠　金大雄　韦国仁　汪大成　周政贤

云　南:郑玲才　木全章　刘邦瑞

陕　西:方　亮　方　强　周　尧　陈学俊
甘　肃:李正才　高葆英(女)
青　海:蒋秉东
宁　夏:汪　愚
海　南:王辉丰
新　疆:龚振栋

第　八　届

(1993年3月)

九三学社:

周培源★　王文元*　杨　檩*　陈明绍*　陈学俊*
赵伟之*　金开诚*　唐有祺*　张叔英　赵士杰
唐立民*　吴　翼　邓汉馨　廖延雄*　袁龙蔚
曾近义*　许香谷　汪大成　曾陇梅　李　毅*
启　功*　黄其兴*　刘邦瑞*　龚振栋　彭司勋*
刘荣汉　李美南　李永昌　潘蓓蕾(女)*　鞠庆麒
王幼辉　李昌道　杨光华*　赵　华　徐有恒
谢丽娟(女)

中华全国总工会:杨继良
中华全国妇女联合会:周　翔(女)　高如曾(女)　邱洛琳(女)
中华全国青年联合会:郑法雷
中国科学技术协会:王振钢　张　涛

文化艺术界:王习三　武季梅(女)　杜鸣心

科学技术界:

郭肖容(女)　陈厚生　陈剑华(女)　汤定元　庄启谦
侯义斌　黄　昆*　李　林(女)　邹承鲁*　洪朝生
黄蕴慧(女)　邱大洪　章惠民　赵柏林　王弭力(女)
沈允钢　陈均远

社会科学界:胡继高　方　强

经济界:杨勇俊

农林界:谢道宏　朱耀光　陈昌洁　曹赤阳　周政贤
孟庆闻(女)

教育界:

周与良(女)*　蒋守规　王祖农　吴震春
王辉丰　陈涵奎　李正才　高　庆(女)
刘　波　王　甡　张鉴祖

体育界:田麦久*

新闻出版界:傅璇琮

医药卫生界:

侯建存　钟品仁　严庆汉　尚天裕　钱宇平
王贤才　陆干甫　王一飞　马　西　张铁良
韩向阳　苏应衡　阎洪臣

少数民族:韦国仁

中华全国归国华侨联合会:蔡国栋

特别邀请人士:陈　端(女)　费岳峰

第　九　届

（1998 年 3 月）

九三学社：

王文元★　孔祥正　邓浦东　冯培恩*　刘北辰*
刘荣汉*　安振东*　李昌道　李慧珍*（女）　杨肇键
吴伯明　闵乃本*　汪　愚*　汪大成　启　功*
张叔英　陈家骅　金开诚*　郑楚光　赵　华
赵　俊　赵伟之*　姜信真*　费岳峰　贺　铿
徐采栋*　徐宗俊*　高　庆*（女）　黄其兴*　黄明度*
黄懋衡（女）　龚振栋　陈抗甫*　韩启德*　谢丽娟*（女）
潘蓓蕾*（女）

中华全国总工会：杨勇俊　杨继良　杨晓碧（女）

中华全国妇女联合会：周　翔（女）　赵秀云（女）

中华全国工商业联合会：李祖可

中国科学技术协会：王志新　张　涛　茅玉麟（女）　赵柏林

中华全国台湾同胞联谊会：陈遒北（女）

中华全国归国华侨联谊会：朱耀光

文化艺术界：王习三　王林旭　杜鸣心　李　燕
武季梅（女）

科学技术界：

于不凡　马凯梅（女）　王中黔　王秉忱　王弭力（女）
卢光琇（女）　朱震刚　许根俊　阳　燮　邱大洪*

邱文豹　沈允钢　沈世杰　陈均远　陈厚生
封云芳(女)　侯义斌　高如曾(女)　郭肖容(女)
黄大卫　章惠民　潘复生

社会科学界：周天游　胡继高

经济界：翁祖泽　唐大智(女)

农业界：于宗周　刘秀晨　李仁霖　陈昌洁　张桃林
谢道宏

教育界：王　甡　王辉丰　刘　波　刘祁涛*　刘鸿庥(女)
张鉴祖　陈　勉　陈永川　陈明仪　周星照
黄润秋　曾陇梅　蔡克勤　熊黑钢

体育界：田麦久

新闻出版界：徐式谷　傅璇琮

医药卫生界：马　西　王贤才　王国治　刘应龙
李向高　迟宝荣(女)　张铁良　郑法雷
韩忠朝　韩向阳

特别邀请人士：丁　瑜(女)　赖　明(女)

第　十　届

(2003 年 3 月)

九三学社：

王　选★　王志珍(女)(注1)　王林旭　王辉丰
邓浦东　卢光琇(女)*　田麦久　冯培恩*

刘石民	刘秀晨	刘政奎*	刘荣汉
刘鸿庥(女)(注1)	李仁霖	李慧珍(女)*	吴伯明
吴博威	何玉成	闵乃本*	宋晓华
启　功*	张　涛*	张化本	张桃林
陈心昭*	陈永川*	陈抗甫	陈家骅
邵　鸿*	罗锡恩	金开诚*	周　翔(女)
郑祖康	郑楚光*	赵　俊	赵廼岩
赵维娜(女)	洪绂曾*	姚志彬*	徐国权
黄　荣	韩忠朝*	曾　华*	谢小军
谢丽娟(女)	赖　明	潘蓓蕾(女)*	

中华全国妇女联合会：杨慧琼(女)　姚珍薇(女)

中华全国青年联合会：卢　柯　蔡耀军

中华全国工商业联合会：李祖可

中国科学技术协会：李华栋　茅玉麟(女)

文化艺术界：王习三　李燕武　季　梅(女)　赵秀云(女)

科学技术界：

马凯梅(女)	王中黔	王志新	王弭力(女)
许政暟	许根俊	邱文豹	张德二(女)
陈厚生	封云芳(女)	徐士乔	黄大卫
谢俊奇			

社会科学界：周天游

经济界：翁祖泽　唐大智(女)

农业界：许　皡　陈昌洁　黄鸿翔　程顺和
舒安娜(女)　闫　伟

教育界:许仲梓　孙　彦　张大方　张鉴祖
陈　勉　周同甫　段　雄　黄润秋
章梅荣　蔡克勤　廖昌永

体育界:陈思坦

新闻出版界:徐式谷

医药卫生界:王旭东　王国治　王智彪　刘迎龙*
李向高　李森恺　杨雄里　迟宝荣(女)
张铁良　郑法雷　董协良

少数民族界:马玉祥　刘新乐

特别邀请人士:丁　瑜(女)

(注1):在全国政协十届三次会议上,王志珍、刘鸿庥被增补为全国政协委员。

第十一届

(2008年3月)

九三学社:

马大龙　王　键　王宇田　王志珍(女)
支建华　冯培恩　刘秀晨(回族)　刘应明
刘政奎　刘鸿庥(女)　刘淑莹(女)　刘滇生
闫　伟　米烈汉　严　俊　杜德志
李　彬　李华栋　闵乃本　张大方
张化本　张亚忠　张桃林　陈永川
陈抗甫　邵　鸿　郑祖康　郑楚光

屈　谦　　赵　俊　　赵　雯(女)　　赵　韩

赵海英(女)(注1)　　洪捷序　　姚志彬　　袁汉民

贾殿赠　　徐国权　　陶夏新　　黄润秋

葛会波　　韩忠朝　　曾　华　　赖　明

解士杰　　潘蓓蕾(女　高山族)

中华全国总工会：

李志军　张明森

中华全国妇女联合会：

严慧英(女)　杨　佳(女)　杨慧琼(女)

中华全国青年联合会：

卢　柯

中华全国工商业联合会：

李祖可

中国科学技术协会：

茅玉麟(女)　蔡耀军　潘复生

文化艺术界：

王习三　赵秀云(女)

科学技术界：

王志新　周成虎　段　雄　谢俊奇　戴晓雁

社会科学界：

宋镇豪

经济界：

唐大智(女)

农业界：

印　红(女)　刘凤之　许　皞　吴　鸿　黄大卫

黄鸿翔　舒安娜（女　土家族）

教育界：

王训练　乐国安　许仲梓　李定国　陈　勉（满族）

周　浪　周同甫　孟安明　顾也力　钱　锋　高　抒

蔡克勤　廖昌永

医药卫生界：

王旭东　王国治　王智彪　史大卓　刘迎龙　池慧（女）

孙丰源　李森恺　杨雄里　吴　明（女）　迟宝荣（女）

林绍彬　徐　亮　葛均波　董协良

对外友好界：

王林旭

少数民族界：

雷后兴（畲族）　多央娜姆（女　藏族）

刘晓梅（女　蒙古族）　金　莉（女　俄罗斯族）

卢　京（壮族）

无党派界：

邢定钰　武维华

（注1）：在全国政协十一届四次会议上，赵海英被增补为全国政协委员。

已故中国科学院院士（学部委员）、中国工程院院士中的九三学社社员名单

数学物理学部

王竹溪	王淦昌	邓稼先	朱洪元	卢鹤绂
严济慈	陈建功	张钰哲	周培源	杨立铭
李　林	柯　召	葛庭燧	黄　昆	

化学部

王　序	吴学周	柳大纲	顾翼东	袁翰青
黄子卿	虞宏正	肖　伦	时　均	殷之文

生物学部

王家楫	冯泽芳	伍献文	朱祖祥	刘思职
杨　简	李继侗	陈世骧	金善宝	郑万钧
郑作新	俞德浚	梁　希	黎尚豪	潘　菽
王志均	王应睐	王德宝	李庆逵	邹承鲁
吴阶平	徐国钧	许根俊	郑国锠	

地学部

王曰伦	毛汉礼	尹赞勋	孙大中	孙云铸

杨钟健　张伯声　周廷儒　周明镇　赵九章

赵金科　侯德封　夏坚白　顾功叙　袁见齐

徐　仁　涂长望　高由禧　高振西　黄汲清

谢义炳　谢家荣　裴文中　谭其骧　穆恩之

业治铮　卢衍豪　郝诒纯　贾兰坡　郭文魁

程裕淇　秦馨菱　宋叔和

技术科学部

朱物华　庄育智　刘恢先　李　薰　汪胡桢

邹元爔　张钟俊　茅以升　周志宏　孟昭英

蔡方荫　陈芳允　周惠久　钱钟韩　徐芝纶

王　选　吴全德　严　恺　吴传钧　张光斗

哲学社会科学部

黎锦熙　魏建功

中国工程院

楼之岑　王　选　陈秉聪　严　恺　张光斗

吴阶平　顾夏生

后　记

2002年以来，随着统一战线和多党合作事业的不断发展，社的各方面情况发生了很大变化，特别是2012年12月召开了九三学社第十次全国代表大会，选举产生了新一届社中央领导集体，并对《九三学社章程》做了部分修改。此前，社的各级地方组织也相继完成了换届工作，各级领导班子都做了较大幅度的调整与充实。为了准确反映变化的情况，方便社的工作，我们组织编写了《九三学社手册》(2013年版)。

新版《九三学社手册》基本上延续了2008年版《九三学社手册》的框架和体例，只是依据变化了的情况对相应内容做了修改、删节和补充。使得手册既有连续性，又有新内容，既能够比较全面、客观地反映我社的基本情况，又能够删繁就简，避免内容重复。

本书的地方组织资料截至2013年10月底，其后的变化情况恕难反映。由于编者水平有限，加之书中收入的资料涉及面较广，疏漏与差错在所难免，敬请读者见谅并指正。

在本书编写过程中，社各省级组织办公室和组织部(处)收集汇总提供了各地组织及有关人员的基础资料；社中央组织部但勇同志对书中所述组织及人员资料进行了审校、订正并提供了有关资料，陈晓英、李艳艳同志提供了有关帮助；各级地方组织及学苑出版社给予了大力协助；办公厅张魁林、刘华、刘凤霞、毕元元同志参与了编辑校对工作。在此一并表示感谢。

编　者

2013 年 10 月